Francisco
O Arauto de Deus

Coleção Em busca de Deus

A rosa e o fogo – Inácio Larrañaga
Clara, a primeira plantinha de Francisco – Chiara Augusta Lainati
Cristo minha vida – Clarence J. Enzler
Francisco, o arauto de Deus – Gianluigi Pasquale
José, pai do Filho de Deus – André Doze
Mostra-me o teu rosto – Inácio Larrañaga
O irmão de Assis – Inácio Larrañaga
O silêncio de Maria – Inácio Larrañaga
Suba comigo – Inácio Larrañaga

Gianluigi Pasquale

Francisco
O Arauto de Deus

Paulinas

Dados Internacionais de Catalogação na Publicação (CIP)
(Câmara Brasileira do Livro, SP, Brasil)

Pasquale, Gianluigi
    Francisco, o arauto de Deus / Gianluigi Pasquale ; [tradução Andréia Schweitzer]. – São Paulo : Paulinas, 2016. – (Coleção em busca de Deus)

    Título original: San Francesco d'Assisi all'aurora di un'esistenza gioiosa
    ISBN 978-85-356-4205-6

    1. Francisco de Assis, Santo, 1181 ou 2-1226 2. Francisco, Papa, 1936- 3. Santos cristãos - Biografia I. Título. II. Série.

16-05881   CDD-282.092

Índice para catálogo sistemático:
1. Santos : Igreja Católica : Biografia   282.092

1ª edição – 2016
1ª reimpressão – 2025

Título original da obra: *San Francesco d'Assisi.
All'aurora di un'esistenza gioiosa*
© 2014 Edizioni San Paolo s.r.l. Piazza Soncino 5 - 20092
Cinisello Balsamo (Milano), Italia – www.edizionisanpaolo.it

Direção-geral: Bernadete Boff
Editora responsável: Andréia Schweitzer
Tradução: Andréia Schweitzer
Copidesque: Mônica Elaine G. S. da Costa
Coordenação de revisão: Marina Mendonça
Revisão: Sandra Sinzato e Ana Cecilia Mari
Gerente de produção: Felício Calegaro Neto
Capa e diagramação: Manuel Rebelato Miramontes
Fotos de capa: São Francisco de Assis
Simone Martini (1280-1344)
Assis, Basílica Inferior

Papa Francisco
© Servizio fotografico de
L'Osservatore Romano

Nenhuma parte desta obra poderá ser reproduzida ou transmitida por qualquer forma e/ou quaisquer meios (eletrônico ou mecânico, incluindo fotocópia e gravação) ou arquivada em qualquer sistema ou banco de dados sem permissão escrita da Editora. Direitos reservados.

Cadastre-se e receba nossas informações
paulinas.com.br
Telemarketing e SAC: 0800-7010081

Paulinas
Rua Dona Inácia Uchoa, 62
04110-020 – São Paulo – SP (Brasil)
📞 (11) 2125-3500
✉ editora@paulinas.com.br

© Pia Sociedade Filhas de São Paulo – São Paulo, 2016

*A minha mãe Giovanna,
na celebração de seus setenta anos,
"pois o melhor amigo de um rapaz é a sua mãe"*
(C. Jay Cox, *Latter Days*. A Novel.
Adaptado por T. Fabris.
Montgomery: Alyson Publications, 2004, p. 178).

SUMÁRIO

Uma conversa com Papa Francisco 11

PRIMEIRA PARTE – A VIDA

CAPÍTULO I – A beleza de Francisco 21

CAPÍTULO II – Antes do chamado 24

CAPÍTULO III – Aonde vai, Francisco? 27

CAPÍTULO IV – Melhor o Senhor que o servo 30

CAPÍTULO V – A aurora de uma voz 33

CAPÍTULO VI – Pai nosso que estais no céu 36

CAPÍTULO VII – Em São Damião 40

CAPÍTULO VIII – Na festa de São Mateus 43

CAPÍTULO IX – Os primeiros seguidores 46

CAPÍTULO X – Os penitentes da cidade de Assis 50

CAPÍTULO XI – Em Roma 55

CAPÍTULO XII – O retorno a Assis 60

CAPÍTULO XIII – A poesia da vida em Rivotorto 63

CAPÍTULO XIV – A primeira comunidade e os primeiros franciscanos 66

CAPÍTULO XV – Outros companheiros de Francisco 70

CAPÍTULO XVI – A perfeita alegria 73

CAPÍTULO XVII – Os três ladrões 77

CAPÍTULO XVIII – O conselho de irmã Clara 79

CAPÍTULO XIX – Lucchesio e os primeiros franciscanos seculares 82

CAPÍTULO XX – O cordeiro de Osimo 86

CAPÍTULO XXI – O dono do Monte Alverne 88

CAPÍTULO XXII – "Quero enviar todos vocês ao Paraíso" 93

CAPÍTULO XXIII – Os primeiros frades mártires 97

CAPÍTULO XXIV – A Regra dos Frades Menores 103

CAPÍTULO XXV – O presépio de Greccio 106

SEGUNDA PARTE – A MENSAGEM

CAPÍTULO XXVI – Pobres para serem livres 111

CAPÍTULO XXVII – Não há vida sem oração 114

CAPÍTULO XXVIII – Unido a Jesus de corpo e alma 117

CAPÍTULO XIX – Significado do tau franciscano 120

CAPÍTULO XXX – Toda a Criação louva o Senhor 123

CAPÍTULO XXXI – Uma mensagem de perdão e reconciliação 127

CAPÍTULO XXXII – Também a morte é nossa irmã 132

CAPÍTULO XXXIII – Irmã Morte 136

TERCEIRA PARTE – ATUALIDADE

CAPÍTULO XXXIV – Uma inédita busca por Deus 145

CAPÍTULO XXXV – O desejo de um irmão não hostil 148

CAPÍTULO XXXVI – A Criação: retorno à terra sem o mal 151

CAPÍTULO XXXVII – O cuidado dos sentimentos humanos 154

UMA CONVERSA COM PAPA FRANCISCO*

Santo Padre, explique-nos por que pensou em São Francisco de Assis quando escolheu o seu nome.

Durante a eleição tinha ao meu lado o Arcebispo Emérito de São Paulo e também Prefeito Emérito da Congregação para o Clero, o cardeal Cláudio Hummes: um grande amigo! Quando a coisa começou a ficar um pouco "perigosa", ele me confortou. E quando dois terços dos votos saíram e vieram os aplausos costumeiros, porque havia sido eleito Papa, ele me abraçou, me beijou e me disse: "Não se esqueça dos pobres!". Aquelas palavras penetraram em mim: os pobres, os pobres. Em relação aos pobres, logo pensei em Francisco de Assis. Depois pensei nas guerras, enquanto a apuração dos votos prosseguia, e Francisco é o homem da paz. E, assim, o nome veio ao meu coração: Francisco de Assis. Ele é para mim o homem da pobreza, da paz, que ama e cuida da Criação.

Em 4 de outubro de 2013, apenas sete meses depois da eleição e depois de oitocentos anos de história, o Papa quis celebrar em Assis a festa litúrgica do santo; a sua primeira parada foi junto às crianças com deficiência e doentes. Gostaria de partilhar conosco as razões desta escolha?

---
* Livremente extraída dos discursos do Papa Francisco, em particular o pronunciamento em Assis, em 4 de outubro de 2013.

Era justo começar pelo Instituto Serafico, porque São Francisco, em seu Testamento, diz: "O Senhor disse a mim, frei Francisco, para começar a fazer penitência assim: quando estava no pecado, me parecia uma coisa muito amarga ver os leprosos, e o próprio Senhor me conduziu a eles e usou de misericórdia. E afastando-me deles, aquilo que me parecia amargo se transformou em doçura de alma e de corpo" (*Fonti Francescane*, 110). A nossa sociedade infelizmente é contaminada pela cultura do "descarte", que é oposta à cultura da acolhida. As vítimas disso são justamente as pessoas mais fracas, mais frágeis. Eu agradeci pelo sinal de amor e de verdadeira civilidade oferecido pelo Instituto, onde se colabora para oferecer uma vida digna a pessoas com graves dificuldades.

Devemos aprender a colocar no centro da atenção social e política quem está em maior desvantagem! É muito comum que as famílias se encontrem sozinhas e não tenham a quem recorrer. Servir com amor e ternura às pessoas que têm necessidade de tanto apoio nos faz crescer em humanidade: essa é a verdadeira ajuda.

Conte-nos que significado tem para o senhor a escolha que São Francisco fez de desapegar-se de tudo diante do Senhor.

Aquele gesto de Francisco foi profético, um ato de súplica, de amor e confiança no Pai. Escolher ser pobre não é um ato sociológico ou ideológico: é querer ser como Jesus, segui-lo até o fim. A espoliação de São Francisco nos diz simplesmente aquilo que ensina o Evangelho: seguir Jesus quer dizer colocá-lo em primeiro lugar, desapegar-se de tantas coisas que temos e que sufocam o nosso coração, renunciar a nós mesmos, tomar a cruz e levá-la com Jesus. Todos somos chamados a ser pobres e, por isso, devemos aprender a estar com os pobres. O cristão é aquele que vai ao encontro deles, que os olha nos olhos, que os toca. Essa é a estrada que Francisco percorreu.

Penso nos jovens e no impacto que pode ter esse convite à pobreza, ainda mais hoje, quando a crise lhes tolhe as asas. O que nos sugere a esse respeito?

São Francisco era um jovem rico, tinha ideais de glória, mas Jesus lhe falou em silêncio e o transformou, o fez entender o que vale realmente na vida: não as riquezas, o poder das armas, a glória terrena, mas a humildade, a misericórdia, o perdão. Quando Francisco fez aquele gesto de desapego, era um rapazinho, não tinha força para isso. Foi a força de Deus que o impeliu.

Muitos jovens foram espoliados deste mundo selvagem, que não oferece trabalho, que não ajuda, que não se importa se há crianças morrendo de fome, se tantas famílias não têm o que comer, não têm a dignidade de levar o pão para casa, e tanta gente seja obrigada a fugir em busca de liberdade. Peço por eles e por todos, que o Senhor nos dê a coragem de desapegar-nos, não de vinte liras, mas do espírito do mundo, que é o câncer da sociedade. É o inimigo de Jesus!

A crise não é a única ameaça: muitos fogem diante do momento de fazer uma escolha de vida, têm medo de ouvir falar em vocação. O que diria a eles a esse respeito?

Rezar e caminhar na Igreja são dois elementos essenciais para discernir o que queremos nos tornar. Na origem de toda vocação à vida consagrada há sempre uma experiência forte de Deus, da qual não se esquece nunca! É a que teve Francisco. Não podemos programar a nossa vocação: Deus nos surpreende sempre! Mas é importante ter um relacionamento familiar com o Senhor: é como manter a janela da nossa vida aberta para que ele nos faça ouvir o que deseja de nós. O relacionamento com Deus envolve toda a pessoa: afeto, intelecto, sentidos. É um amor tão grande, tão belo, tão verdadeiro, que merece nossa total confiança.

Apesar das dificuldades, ainda há muitos que optam por trabalhar em favor da sociedade e cuja vida é uma evangelização silenciosa. Santo Padre, como os encorajaria?

Em Assis, perto da Porciúncula, me parecia ouvir a voz de São Francisco repetir: "Evangelho, Evangelho!". Dizia-o primeiramente a mim: Papa Francisco, seja um servidor do Evangelho! A coisa mais preciosa que tenho a sugerir é a Palavra de Jesus. Ela não diz respeito apenas à religião, mas ao ser humano, ao mundo, à sociedade. O Evangelho é a mensagem de salvação de Deus para a humanidade, e esta tem realmente necessidade de ser salva. Vemos isso todos os dias, quando folheamos o jornal ou assistimos às notícias na televisão; mas também ao nosso redor, nas pessoas, nas situações e em nós mesmos! Todos temos necessidade de salvação. O mal age, mas não é invencível, e o cristão não se conforma diante do mal. O nosso segredo é que Deus é maior. Isto é o Evangelho: o amor de Deus venceu!

Se eu acredito que Jesus venceu o mal e me salva, devo seguir Jesus, devo seguir seu caminho por toda a vida. Francisco fez crescer a fé, renovou a Igreja, e ao mesmo tempo renovou a sociedade, a fez mais fraterna com o Evangelho e o testemunho. Certa vez disse aos seus irmãos: "Preguem sempre o Evangelho e, se for necessário, também com as palavras!". Mas se pode pregar o Evangelho sem as palavras? Sim, com o testemunho! Primeiro o testemunho, depois as palavras.

Continuem em frente com coragem, com o Evangelho no coração e nas mãos; sejam testemunhas da fé com a vida: levem Cristo para casa, anunciem-no aos amigos, acolham-no e sirvam-no aos pobres. Divulguem uma mensagem de vida, de paz e de esperança. Vocês podem fazer isso!

O que São Francisco testemunha a nós, hoje?

Em toda a vida de Francisco, o amor pelos pobres e a imitação de Cristo estão unidos de forma inseparável: as duas faces de uma mesma moeda. O que testemunha a nós, hoje? Antes de tudo, que ser cristão é uma relação vital com a pessoa de Jesus, é revestir-se dele, é assemelhar-se a ele.

O seu caminho rumo a Cristo parte da face de Jesus na cruz, de permitir-se que ele olhe para você no momento em que doa a vida por nós e nos atrai para si. Francisco se deixou olhar pelo Crucificado de São Damião enquanto rezava. Naquele crucifixo, Jesus tem os olhos arregalados: um olhar que fala ao coração. Quem se deixa olhar por ele é recriado, torna-se uma "nova criatura". Esse é o começo de tudo, é a experiência da graça que transforma: descobrir ser amado sem merecer.

Em segundo lugar, Francisco nos testemunha que quem segue a Cristo recebe a verdadeira paz. O Evangelho nos diz: "Vinde a mim, todos vós que estais cansados e carregados de fardos, e eu vos darei descanso. Tomai sobre vós o meu jugo e sede discípulos meus, porque sou manso e humilde de coração, e encontrareis descanso para vós" (Mt 11,28-29). Qual é a paz que Francisco acolheu e nos transmite? A paz de Cristo, transmitida através do amor da cruz. É a paz que Jesus Ressuscitado doou aos discípulos, quando surgiu entre eles (cf. Jo 20,19-20). Não é um sentimento insípido nem um tipo de harmonia panteísta com a energia do cosmos. Este São Francisco não existe! A sua paz é a de Cristo, e a encontra quem toma sobre si o seu jugo, este é o seu mandamento: "Amai-vos uns aos outros como eu vos amei" (Jo 13,34). E este jugo não se pode tomar com arrogância, presunção, soberba, mas com suavidade e humildade de coração.

Enfim, São Francisco inicia o Cântico assim: "Altíssimo, onipotente, bom Senhor... louvado sejas, meu Senhor, com todas as tuas criaturas" (*Fonti Franciscane*, 1820). O Santo de Assis testemunha o respeito por tudo o que Deus criou e como ele criou. Testemunha, sobretudo, que o ser humano é chamado a cuidar do ser humano, centro da Criação, como Deus o quis. Respeitemos a Criação, não sejamos instrumentos de destruição! Cessemos os conflitos armados que ensanguentam a terra, silenciemos as armas e que o ódio ceda lugar ao amor, a ofensa ao perdão e a discórdia à união em toda parte.

São Francisco é padroeiro da Itália. Segundo o senhor, como podemos proteger este valor?

Orando pela nação italiana, para que cada um trabalhe sempre pelo bem comum, visando mais àquilo que une do que àquilo que divide. Faço minha a oração de São Francisco pela Itália e pelo mundo: "Rogo-te, pois, Senhor Jesus Cristo, pai das misericórdias, que não consideres a nossa ingratidão, mas te recordes sempre de tua compaixão sem limites que lhe mostraste [a esta cidade], para que sempre seja lugar e morada daqueles que verdadeiramente conhecem e glorificam teu nome bendito e tão glorioso pelos séculos dos séculos. Amém" (*Espelho de perfeição*, 124: *Fonti Franciscane*, 1824).

Santo Padre, deixe-nos três palavras-guia para a nossa vida, inspiradas pelo exemplo de São Francisco.

Escutar, caminhar e anunciar. Em particular a última: anunciar. Em Buenos Aires compreendi a importância de sair para ir ao encontro do outro nas periferias, que são lugares, mas são, sobretudo, pessoas em situações de vida especiais. Também aqui, não tenham medo de ir ao encontro das pessoas e das situações. Não se deixem bloquear por preconceito, hábitos, rigidez mental ou pastoral, pelo famoso "sempre foi assim". Somente levando a Palavra de

Deus no coração e caminhando com a Igreja, como São Francisco, consegue-se ir às periferias. De outra forma, levamos a nós mesmos, e não somos nós que salvamos o mundo: é o Senhor!

Não lhes estou dando receitas novas. Não tenho e não acreditem em quem diz tê-las: não há. Mas encontrei no caminho da Igreja aspectos belos e importantes que vão fazê-los crescer. Ouçam a Palavra, caminhem juntos, em fraternidade, anunciem o Evangelho nas periferias! O Senhor os abençoe, Nossa Senhora os proteja e São Francisco os ajude a viver a alegria de ser discípulos do Senhor!

Primeira parte
A vida

CAPÍTULO I

A BELEZA DE FRANCISCO

Assis, 1182. Enquanto a vida da cidade movimentava-se na praça São Rufino, Dona Pica se preparava para dar um herdeiro ao Senhor Pedro Bernardone, rico mercador de tecidos, que naquele momento se encontrava no exterior em missão comercial. A espera se tornava inesperadamente trabalhosa e perturbadora, quando um peregrino desconhecido aconselhou que a gestante fosse levada ao celeiro, onde, de fato, pouco depois um choro anunciou o evento felizmente realizado. Na pia batismal, Dona Pica deu ao recém-nascido o nome de João, mas o pai, ao chegar de sua viagem de negócios, decidiu mudar para Francisco, seja porque o primeiro nome lhe recordava a visão de Batista, com a pele de camelo e a dieta de gafanhotos, seja porque da França recebia os seus maiores lucros.

Mulher de sensibilidade apurada, de fé sentida e vivenciada, a mãe transferiu ao primogênito grande parte da sua delicadeza de gostos e de sentimentos. Francisco, além disso, mostrava uma inteligência viva e certa aptidão ao estudo, mas não com menor audácia se unia aos seus pequenos colegas para correr e brincar. Às vezes as crianças, em fila e cantando, iam a uma das pequenas e deliciosas praças, onde encontravam maior espaço e área mais livre para divertir-se; também hoje as praças de Assis são como terraços sobre o vale, das quais se desfruta de espetáculos maravilhosos de pôr do sol sobre a Úmbria verde, tão doce e repousante ao olhar.

Francisco aprendeu os primeiros rudimentos literários e o conhecimento do latim com os sacerdotes da igreja São Jorge, enquanto Dona Pica adquiria certa confiança com a língua francesa, indispensável para ajudar o marido em seu trabalho. Pedro Bernardone, a certo ponto, achou que seu filho já sabia o bastante. Por isso, rapidamente libertou o campo intelectual de Francisco dos excessivos escrúpulos de Pica e dos educadores. Queria criar um homem a seu modo, um comerciante de sorte e, depois, quem sabe, um cavaleiro. Iniciou-o, então, no comércio, levando-o consigo nas longas viagens pela Itália e França, mas desde então, tendo dinheiro para vestir-se suntuosamente e divertir-se, Francisco interessava-se mais pelas vilas e cidades que visitava do que pelos excelentes negócios que o pai realizava.

Em Assis ele se tornou, rapidamente, o predileto dos jovens, não apenas pela sua condição, mas também pela nobreza. Não havia festa sem que ele participasse, sempre com um toque particular de vivacidade e alegria. Era sempre o primeiro de todos quando se tratava de gastar loucamente o dinheiro, tendo sempre à disposição o caixa da loja do pai que, devendo calcular e guardar cuidadosamente os seus ganhos, às vezes se indignava com o filho e, outras, como todos os enriquecidos, sentia no coração uma complacência secreta pelo sucesso de Francisco num mundo que não era exatamente o seu.

Dona Pica, ao contrário, observava o filho de maneira diversa àquela de Pedro Bernardone. Ela conhecia Francisco profundamente e sabia que, debaixo do desperdício e da paixão pela diversão, conservava intacta a alma boa e simples de quando era criança. Um breve instante de descontentamento e de incerteza do jovem bastava para fazê-la ter esperança de que ele não se tornaria um mercador qualquer, nem um homem medíocre.

Embora Francisco tivesse sido nomeado "rei das festas", pela velocidade com que gastava o dinheiro com os amigos nos saraus poéticos, a semente de uma grande caridade pelos mais necessitados, que Deus lhe havia colocado no coração, começou a manifestar-se já na adolescência. De fato, no auge da sua vida despreocupada, um dia aconteceu na loja de seu pai, em meio a vários clientes, de um pobre mendigo pedir uma esmola pelo amor de Deus. Inicialmente, impaciente, Francisco o mandou embora com palavras duras, mas logo o remorso o tocou quando pensou: "O que eu não teria feito se alguém viesse me pedir alguma coisa em nome de um conde ou de um barão? No entanto, ele vinha em nome de Deus!". E sem pensar mais, largou a clientela e saiu correndo, com os belos cabelos ao vento, esperando encontrá-lo para poder dar-lhe a esmola.

CAPÍTULO II

ANTES DO CHAMADO

Francisco era naturalmente levado a liderar; tentava distinguir-se de todos os modos: no canto, nas armas, nas conversas brilhantes. Sentia-se atraído, sobretudo, pela música. Uma das suas mais cobiçadas satisfações era cantar as aventuras dos paladinos de Carlos Magno ou dos cavaleiros do rei Artur, aprendidas com os numerosos trovadores provençais que giravam pela Itália. Aquele mundo encantado literalmente o exaltava e alimentava sempre mais o seu desejo de um dia também se tornar um cavaleiro, e então cantar as suas jornadas fantásticas às jovens damas, sob as estrelas, durante as noites quentes de verão.

O ano de 1202 parecia favorecer as ambições de Francisco. A nobreza de Assis recorria à vizinha Perúgia para defender seus privilégios contra o povo, que queria um governo mais livre e democrático. Fez-se a guerra. Francisco respondeu imediatamente ao apelo popular. A prova das armas abria-se diante dele com perspectivas sedutoras.

Partiu com uma companhia de lanceiros e, em uma batalha brutal sobre a ponte São João, atacou as tropas inimigas. Combateu até que, quebrada a espada, foi obrigado a retirar-se para fugir do furor de um cavaleiro adversário.

Rastejava, para tentar pegar uma arma qualquer do chão, quando seu olhar encontrou o do inimigo que pouco antes havia abatido: era um adolescente de rosto pálido, cujos olhos consternados pareciam implorar misericórdia. Francisco sentiu arrefecer o ardor combativo. Tomado pelo remorso, ficou ajoelhado junto ao corpo, sem nem mesmo perceber que outro cavaleiro inimigo se aproximava, quando ouviu chamar seu nome. Era o nobre Obizzo, seu companheiro de vida alegre.

"Que bom que o reconheci. Estava para golpeá-lo, quando percebi que estava diante de um velho amigo, além de tudo, indefeso."

Francisco o olhava estupefato. O outro continuou: "Agora você é meu prisioneiro. Vamos!".

O jovem, com um pequeno grupo de companheiros, foi conduzido à prisão de Perúgia. A condição dos prisioneiros certamente não era invejável; na verdade, todos choravam por Assis e pela liberdade perdida. Francisco, ao contrário, nunca perdeu a serenidade. Muitas vezes, o seu bom humor e as canções que gostava de cantar aborreciam até mesmo os seus companheiros: "Não sente humilhação de termos caído nas mãos do inimigo? Nem a dor de estarmos aqui presos?". "Eu sonho com o meu futuro! Sei que um dia serei honrado no mundo todo!", respondeu firmemente Francisco.

A paz entre as duas partes concluiu-se em novembro de 1203, e Francisco, libertado com os outros prisioneiros, retornou a Assis onde, por alguns anos, continuou a vida despreocupada de antes, jogando-se mais do que nunca no turbilhão das festas e dos prazeres. A sua prodigalidade não se resumia aos gastos loucos entre seus amigos; como já observado antes, a visão dos pobres sempre suscitava a sua piedade. "Tudo o que fizeres a um destes mais pequenos, que são meus irmãos, é a mim que o fazeis" (cf. Mt 25,40); estas palavras de Jesus, aprendidas na infância com os bons padres de São Jorge, nunca lhe saíram do coração. Refletia, de fato, consigo mesmo: "Se sou tão pródigo com os meus amigos, que no máximo me compensam com um jantar, por que não deveria ser caridoso com os pobres, se o Senhor prometeu que não deixaria nenhuma esmola sem recompensa?".

Por causa dessa constante bondade, Francisco não era popular apenas entre a juventude nobre e festeira de Assis, mas também entre os pobres, que o amavam porque sabiam que não seria em vão se recorressem a ele.

CAPÍTULO III

AONDE VAI, FRANCISCO?

Um acontecimento imprevisto, todavia, veio interromper a alegre existência de Francisco.

Na primavera de 1204, ele ficou gravemente doente e por diversas semanas lutou contra a morte. Ninguém pode imaginar o que se passou em seu coração durante a longa jornada de convalescência, quando, não mais adormecida pela doença, sua mente começou a acordar e o mundo lhe surgiu sob uma luz diferente, através da clarividência da dor e no recolhimento da solidão.

Um dia, Francisco se sentiu capaz de sair e, apoiado em uma bengala, rumou para o campo, como que para reapropriar-se da vida. A porta mais próxima, a Porta Nova, se abria a um panorama dos mais encantadores que se podia admirar. Francisco sentou-se e olhou ao redor. Toda a vila repousava sob o sol em uma inexprimível harmonia de cores e contornos; uma brisa leve soprava, acariciando a face do jovem, mas não lhe trazia nenhuma das impressões felizes da sua juventude. Ao invés disso, sentia, pela primeira vez, um vazio assustador abrir-se em sua alma e compreendeu que nada daquilo que lhe rodeava podia acalmá-lo. Todavia, naquele dia, Deus ainda não falou ao seu coração; deixou-lhe apenas uma vaga lembrança, ainda que inesquecível, como o eco de uma voz distante.

Francisco tentou fugir daquele primeiro apelo; retomou aos poucos a vida habitual, porém sem reencontrar nenhum prazer. Até que, de novo, algo o atraiu e o entusiasmou. Um dos nobres de Assis se preparava para partir para a Puglia, onde Gualtiero di Brienne combatia contra os alemães, defendendo o Papa. Francisco achou que seria a oportunidade, havia muito tempo esperada, de conquistar a glória e finalmente se tornar um valoroso cavaleiro. Preparou-se para a partida, tomado por uma excitação febril; comprou roupas caras, as mais belas armas, na certeza dos bons resultados do empreendimento. Em uma tranquila manhã, montou o cavalo para dirigir-se à Puglia, com um pequeno pelotão. Não foi muito longe, porém. Em Espoleto, uma crise de febre o deixou de cama.

Francisco adormeceu. No sono, uma voz lhe perguntou: "Aonde vai, Francisco?". "Vou para a Puglia. Quero me tornar cavaleiro!" A voz retrucou: "Diga-me, Francisco, quem tem mais poder? O senhor ou o servo?". "O senhor!", respondeu prontamente Francisco, no auge da surpresa. "Então por que segue o servo em vez de seguir o Senhor?"

A alma de Francisco despertou subitamente. "Senhor! Senhor", exclamou. "Que queres que eu faça?" "Volte a Assis. Ali lhe será dito o que deve fazer."

Durante toda a noite Francisco não conseguiu fechar os olhos, mas a febre cessou e ao alvorecer do novo dia levantou-se, selou o cavalo, recolheu sua armadura e tomou a estrada para Assis.

Seu retorno suscitou muitos rumores na cidade, mas todos já estavam acostumados com as esquisitices de Francisco e a surpresa não durou muito. Bem depressa, porém, os seus amigos perceberam que ele não era mais o mesmo. Eles o procuravam como antes, que se deixava levar em meio à folia, mas parecia ausente, absorto em pensamentos íntimos.

Uma noite, no verão de 1205, seus amigos realizaram o mais esplêndido e abundante banquete e o elegeram rei da festa. Francisco aceitou participar para não parecer avaro e descortês. Ao final da refeição, os jovens, embriagados, saíram cantando pelas ruas da cidade. Francisco os seguia, segurando na mão um bastão, símbolo do cetro de rei. No entanto, estava cada vez mais fechado em si mesmo, cada vez mais ausente, distante.

"O que você tem?", perguntou-lhe enfim um amigo, aproximando-se. Francisco não respondeu. "Há algum tempo você não é mais o mesmo. Está pensando em se casar?" O rosto do jovem corou: "Pode ser!", exclamou com os olhos iluminados por uma estranha luz. "Mas vocês verão quem será a minha escolhida! Minha esposa será a criatura mais bela e mais nobre existente!"

Outro passo havia sido dado. Da aversão pelo mundo ao prazer por outra forma de vida que, ainda confusamente, começava a delinear-se.

CAPÍTULO IV

MELHOR O SENHOR QUE O SERVO

Na vida de Francisco iniciou-se, nesse período, uma fase que – sem exagero – se poderia definir como colorida extravagância. Ele, sempre elegante, começou a vestir-se com roupas remendadas; amante da chamada "boa sociedade", passou a entocar-se numa gruta; de paladar delicado, escolheu alimentar-se de comida recolhida de casa em casa em uma tigela de cerâmica; da busca desesperada pelos primeiros lugares, agora, ao contrário, parecia preferir o desprezo popular. Essa repentina transição só podia atrair o título de "louco".

À luz de Deus, Francisco observou como conduzira sua vida até aquele momento e sentiu horror. Na realidade, ele não havia feito nada verdadeiramente ruim aos olhos do mundo; de fato, apesar dos desperdícios e loucuras, mantivera-se sempre honesto, nunca causara mal a ninguém. Mas o que era isso em comparação com os ideais do Evangelho? No entanto, ele não compreendia ainda o que Deus lhe pedia. Talvez tivesse estado surdo à sua voz por tempo demais.

Procurou avidamente a solidão, afastou-se de todos os amigos e rompeu definitivamente com os antigos hábitos.

Apenas um amigo permaneceu-lhe fiel naquele período e o seguia nas suas peregrinações pela região. Talvez a ele Francisco confiasse os seus pensamentos, mas frequentemente se afastava também daquela única companhia e seguia sozinho para uma gruta fora da cidade, passando horas recolhido em oração. Como o mercador do Evangelho, ele procurava o tesouro escondido e, para adquiri-lo, se sentia pronto a vender tudo o que possuía. Entrementes, começou também a ocupar-se dos pobres.

Generoso por natureza, tornou-se ainda mais sob o impulso da graça. Sua caridade não tinha limites: dava todo o dinheiro que tivesse, oferecia suas roupas e tudo o que trouxesse consigo. A pobreza começava a exercer um verdadeiro fascínio sobre ele. Acaso não eram os pobres e abandonados do mundo os prediletos de Jesus?

O amigo, que permanecera por algum tempo a seu lado, o havia abandonado: Francisco estava só. A única pessoa a quem se abria às vezes era o bispo Guido de Assis, que o compreendia e o confortava. Mas eis que Deus abriu-lhe uma primeira fresta de luz: "O Senhor me concedeu iniciar a minha conversão", ele mesmo escreve em seu *Testamento*, "conduzindo-me em meio aos leprosos. Até então, parecia-me muito desagradável vê-los, mas, a partir daquele momento, exercitei com eles a misericórdia".

Na Idade Média, os leprosos eram muito numerosos e ocupavam um lugar separado entre os doentes e pobres. Não podiam, por exemplo, viver nas cidades. Eram construídos numerosos hospitais onde recebiam assistência, mas eram mantidos à distância e segregados das pessoas saudáveis da comunidade, tanto pela repugnância que causavam quanto pelo risco de contágio da doença. Também na vizinhança de Assis havia um daqueles hospitais e, durante suas caminhadas, Francisco passava diante dele de vez em quando. Bastava a visão daquela triste construção para causar-lhe horror e fazê-lo apressar o passo tampando o nariz, para não sentir o odor nauseante que dali provinha. Mas aconteceu que, certo dia, cavalgando rumo à cidade, viu um leproso diante de si. Seu primeiro movimento instintivo foi fazer meia-volta e fugir. "Francisco!", disse-lhe uma voz no coração. "Francisco! Se quer me conhecer, é preciso que prefira as coisas amargas às doces e que despreze a si mesmo."

Foi naquele momento que Francisco aprendeu a reconhecer a voz de Deus; desceu da sela, colocou a esmola na mão que o leproso lhe estendia e, com um esforço heroico, ajoelhou-se para beijar aqueles pobres dedos cobertos de chagas e feridas. Um instante depois montou novamente o cavalo sem saber como. O leproso desapareceu. Francisco ficou sozinho, com a alma transbordante de felicidade. Quem havia realmente encontrado?

No dia seguinte tomou a estrada para o hospital. Uma lúgubre fileira de infelizes reuniu-se em torno dele num piscar de olhos: eram faces corroídas, olhares vazios, braços deformados, dedos mutilados, pés inchados e tortos. A visão era horrível, o cheiro insuportável, mas uma força sobre-humana agora sustentava Francisco; distribuiu a esmola e se inclinou diante das chagas mais repugnantes. Ele havia triunfado plenamente sobre si mesmo. Deus passou a ser o seu Senhor.

CAPÍTULO V

A AURORA DE UMA VOZ

Pouco distante de Assis havia a pequena igreja de São Damião: uma capelinha rústica, meio em ruínas e em grande estado de abandono. Sobre o altar maior, todavia, um grande crucifixo de madeira atraía Francisco pela expressão de profunda dor de Jesus. Certo dia, enquanto estava recolhido em oração e repetia com todo o fervor do espírito: "Senhor, ilumina-me, dissipa as trevas da minha alma: concede-me conhecer a tua santa vontade e agir segundo os teus desígnios", aconteceu que Deus lhe falou sensivelmente, como nunca antes: "Francisco", disse o Crucificado, "vai e reconstrói a minha casa que está em ruínas!". Desta vez Francisco estava bem desperto e a voz ressoou no mais profundo do seu coração com uma doçura e uma força irresistíveis. A comoção quase lhe tolhia os sentidos. Em um átimo se concentrou por inteiro naquele comando e se preparou para obedecer: "Senhor, farei com alegria o que tu desejas", compreendendo apenas a parte mais imediata da ordem divina.

A igrejinha, de fato, estava em condições deploráveis e parecia prestes a ruir. Com a impetuosidade que lhe era própria, o jovem buscou o velho padre do lugar, encontrou-o sentado ao sol junto à entrada e lhe ofereceu dinheiro para comprar uma lamparina e o óleo necessário para que uma luz estivesse sempre acesa diante do crucifixo. Depois se foi, pensando em como reconstruiria a igrejinha. Enquanto caminhava, a imagem de Jesus na cruz parecia segui-lo, e a partir daquele dia Francisco não conseguiu mais esquecê-lo.

Ao chegar em casa, decidiu não perder mais tempo. Pegou alguns rolos de preciosíssimo tecido e se dirigiu apressadamente a Foligno. Ali vendeu toda a mercadoria e seu cavalo, e ao retornar, leve e livre de todo o peso, decidiu como usar seus ganhos. Passando por São Damião, deteve-se e, ao encontrar o velho sacerdote, deu-lhe tudo que tinha consigo, expondo-lhe o seu plano: restaurar a igreja.

O padre conhecia Francisco e o havia visto, até aquele dia, viver entre festas e banquetes e gastar seu dinheiro desajuizadamente. Se a primeira oferta o havia surpreendido, a grande soma que o jovem lhe entregava o encheu de assombro e desconfiança. O que diria Pedro Bernardone quando descobrisse? Francisco tentou persuadi-lo em vão. Por fim, o sacerdote assentiu apenas em manter o jovem consigo, mas não aceitou o dinheiro.

Francisco deixou a bolsa cheia de moedas sobre o parapeito de uma janela e passou longos dias em solidão, recolhido em oração; às vezes em São Damião, diante do crucifixo que lhe era sempre mais querido, outras em uma pequena gruta, o "quartinho secreto" onde o Senhor o convidava a entrar para viver com ele.

Pedro Bernardone, ao voltar para casa depois de uma longa viagem de negócios, ficou estarrecido por não encontrar o filho. Interrogou Dona Pica sobre onde ele estava, mas não obteve resposta. Todavia, em uma pequena cidade como Assis, não foi difícil encontrá-lo. Quando o comerciante correu a São Damião para desafogar sua ira sobre o filho (nesse meio-tempo já descobrira a venda do tecido e do cavalo), não o encontrou. Temendo não poder resistir à brutalidade do pai, Francisco havia se refugiado na sua gruta. O velho sacerdote não revelou o esconderijo, apenas entregou a bolsa, intacta, ao homem furioso, pegando-a da janela onde o filho a havia deixado. Assim, senhor Pedro, em parte apaziguado, voltou para casa e não procurou mais por Francisco.

CAPÍTULO VI

PAI NOSSO QUE ESTAIS NO CÉU

Algum tempo depois, Pedro Bernardone estava em sua loja, quando ouviu o som de um grande tumulto que vinha da rua. O que poderia ser, perguntava-se, enquanto o clamor parecia cada vez mais próximo; curioso, acercou-se da porta para observar. "É um louco, senhor Pedro", informou-lhe um menino. Mas, de repente, o garoto empalideceu. Havia reconhecido o suposto louco. Pedro Bernardone, lívido de cólera e desprezo, viu o filho vindo em sua direção. Era mesmo Francisco, seu primogênito, aquele que fora seu orgulho e em quem havia entrevisto o sustento da sua velhice.

Francisco, que até pouco tempo antes se distinguia dos coetâneos pelas vestes elegantes e pela vaidade, avançava agora empurrado por moleques, sujo da lama que lhe atiravam, pálido, debilitado, com a roupa e o cabelo desalinhados. O velho comerciante achou que não conseguiria mais assistir àquele espetáculo. Mas alguém gritou: "Eis o cavaleiro que retorna de Puglia! Aquele que deveria se tornar rei!". Senhor Pedro não hesitou mais; abrindo espaço entre a multidão, precipitou-se como uma fera sobre o filho, tomou-o pelos braços, levou-o para casa onde, enfim, o trancou no porão escuro, levando consigo a chave. "Eu o domarei com a prisão e o jejum", exclamou, pensando que a criatura ainda fosse o antigo Francisco, amante de alimentos refinados e intolerante a qualquer coação à sua liberdade.

Os dias passavam, porém, sem que Francisco, preso a pão e água, se rendesse. Pedro Bernardone precisava viajar por causa de seus negócios e, com a sua partida, Dona Pica logo abriu a porta do porão tentando obter, com lágrimas e ternura, aquilo que a dura punição infligida pelo pai não havia obtido. Francisco, porém, permaneceu irremovível. A pobre senhora, comovida, o deixou livre para seguir o chamado do Senhor. Francisco retornou, então, ao seu refúgio em São Damião: era ali que havia intuído ser uma voz que o chamava.

Quando Pedro Bernardone retornou, foi entender-se primeiro com a mulher, para depois fazer valer sua vontade com o filho primogênito que perdera o juízo, pensando usar outros meios: procurou os cônsules da cidade, requerendo que Francisco fosse deserdado e banido do lugar. Os arautos foram, portanto, a São Damião para citá-lo judicialmente, mas Francisco recusou-se a responder à intimação: "Eu me tornei servo do Senhor e só respondo por minhas ações a quem fala em seu nome". O comerciante então procurou o bispo, que aconselhou que pai e filho se encontrassem diante dele.

Muita gente acorreu para assistir àquele estranho espetáculo. Estavam verdadeiramente curiosos. Notava-se que o bispo estava visivelmente do lado de Francisco: "Se você quer realmente servir a Deus", disse ao jovem, "restitua a seu pai o dinheiro que lhe tirou de modo injusto". Os olhos de todos os presentes fixaram-se em Francisco, que se sentava perto do bispo, enquanto senhor Pedro mantinha-se em silêncio, pálido de cólera. Aconteceu, então, algo nunca antes visto. Calmo e sereno, com os olhos brilhando de alegria, Francisco levantou-se: "Senhor", disse ao bispo, "eu lhe restituirei não só o dinheiro, mas também as roupas". Em um minuto desapareceu em um quarto atrás da sala do tribunal e reapareceu coberto apenas com uma faixa em torno dos quadris, tendo sobre os braços as suas roupas. "Ouçam todos", disse Francisco que parecia olhar além, para um mundo distante, "até hoje chamei de pai a Pedro Bernardone; de agora em diante, direi apenas: 'Pai nosso, que estais no céu!'". Colocou no chão suas roupas, de tecido escarlate e puro linho, e sobre elas o resto do dinheiro. Todos ficaram comovidos. Alguns choravam; até o bispo tinha os olhos úmidos. Ninguém poderia saber o que passara no íntimo do senhor Pedro naquele momento, o qual, sem respirar, com o rosto petrificado e olhando para o chão, se inclinou, recolheu o dinheiro e as roupas do filho e foi-se embora.

O bispo, no entanto, levantou-se e, aproximando-se de Francisco, o cobriu com o próprio manto, gesto que demonstrava sua vontade de assumir a custódia do jovem. A partir daquele momento, de fato, tornou-se seu protetor. Ao ficar sozinho com ele, pensou providenciar-lhe um primeiro vestuário. Encontrou no palácio episcopal um velho manto que pertencera a um jardineiro; Francisco assinalou uma cruz com giz sobre ele, o vestiu com alegria e, ao deixar a pequena cidade, encaminhou-se para o campo.

Ele agora pertencia a Deus e aos pobres, de quem tinha se tornado irmão. Deus o conduziria por suas estradas.

CAPÍTULO VII

EM SÃO DAMIÃO

Era o começo de abril e com ele chegava a mais bela estação na Úmbria, revestida de um verde novo, delicado, brilhante; sobre as colinas, as árvores ainda mantinham o frescor das suas primeiras folhas, e ao longo das encostas, sob as oliveiras prateadas, cresciam as sementes de papoulas vermelhas. O sol resplandecia no céu claro e o ar leve e fresco exalava o perfume da primavera.

Francisco tinha então apenas 24 anos e, deixando sua cidade, subia as colinas rumo a Gubbio. Nunca lhe pareceu caminhar tão rápido. Livre, agora! Um canto de evidente alegria brotou espontaneamente de seus lábios: "Livre como vocês, criaturas de Deus! Livre como vocês, lírios do campo, que o Pai veste de um manto inigualável. Livre como vocês, pássaros do ar, que cantam alegremente a liberalidade daquele que os sustenta. Agora seremos irmãos e juntos alçaremos ao Altíssimo um hino por sua grandeza e por seu amor!".

Alguns vigaristas o ouviram: "Quem é você?".

"Eu sou o arauto do Grande Rei!", disse Francisco, mas logo os trapaceiros responderam com uma risada e uma rasteira que o fez cair em um fosso ainda coberto de neve.

E daí? Ele havia alcançado um estado de ânimo no qual – para dizer com as palavras dele – aquilo que parece amargo pode ser convertido "em doçura da alma e do corpo".

Enquanto permaneceu em Gubbio, Francisco morou no hospital, onde servia aos leprosos em todas as suas necessidades: lavava os membros corroídos, limpava as chagas e, frequentemente, os beijava. Mas a lembrança de São Damião nunca lhe deixava. Depois de algum tempo, decidiu retornar a Assis. Um problema que até então jamais o perturbara surgiu em sua mente: como providenciaria a reforma da igrejinha? Ele sabia, sim, trabalhar como pedreiro, mas quem lhe daria as pedras e a cal? Decidiu, então, consegui-las pedindo esmolas.

Um belo dia, no mercado de Assis, Francisco apareceu com sua roupa de eremita, cantando as antigas canções dos trovadores que antes lhe eram tão familiares. Mas quando certo número de pessoas, atraídas pela curiosidade, reuniu-se ao seu redor, ele começou como se recitasse um refrão: "Quem me dá uma pedra para restaurar São Damião?". E acrescentava: "Quem me der uma pedra, receberá um prêmio no céu. Quem me der duas pedras, receberá dois; quem me der três, terá três prêmios". Alguns riram, mas muitos se comoveram. Assim conseguiu juntar certa quantidade de pedras. Ele mesmo as carregava sobre os ombros e depois continuava o trabalho de pedreiro. De vez em quando algum desocupado o observava.

"Venha me ajudar!", gritava Francisco. E um ou outro aceitava o seu convite.

O padre de São Damião, que já queria bem ao benfeitor de sua igrejinha, foi tomado de pena vendo-o extenuado pelo trabalho árduo e começou a dar-lhe, todos os dias, um pouco de sua comida, nada muito apetitoso, já que também ele era pobre. O jovem aceitou agradecido por algum tempo, mas um dia disse a si mesmo: "Você não encontrará sempre um padre que lhe dê de comer. E isso não é viver como pobre! Levante-se e vá mendigar!". Foi, então, a Assis, batendo de porta em porta, com sua tigela de madeira nas mãos. Era meio-dia e quase todos estavam à mesa. Em muitos locais recebeu alguma coisa: um pedaço de pão, algumas colheradas de sopa, poucas folhas de salada, restos de comida. Quando a tigela ficou cheia, Francisco sentou-se nos degraus de uma casa e a observou. Passaram-lhe pela lembrança, num clarão breve e intenso, a mesa bem arrumada do passado, os talheres cintilantes e os pratos limpos sobre a candura da toalha de linho, a comida apetitosa e tentadora, de aroma convidativo. Com gesto resoluto, levou à boca o primeiro bocado da horrível lavagem que tinha diante de si. A aversão havia sido vencida. Seu coração se encheu de doçura. À noite disse ao bom padre de São Damião que dali em diante cuidaria da sua própria alimentação.

CAPÍTULO VIII

NA FESTA DE SÃO MATEUS

O filho de Pedro Bernardone, o mais rico comerciante de Assis, havia, portanto, se tornado um mendigo. É fácil imaginar como senhor Pedro sentiu esse novo golpe, que o feria ainda mais que os outros em seu orgulho de pai e de homem ambicioso e vaidoso da própria posição. Apenas a visão do filho o tirava de si e, se acontecia de encontrá-lo, ia embora xingando furiosamente.

Francisco sofria pela ira do pai. Tomou o hábito de levar consigo um velho mendigo e, quando encontravam Pedro Bernardone, que maldizia o filho, Francisco se ajoelhava diante do velho para que este, em troca, o abençoasse. Também seu irmão Ângelo, o segundo filho de Pedro Bernardone, o perseguia com provocações. Certa manhã de inverno, vendo Francisco em uma igreja de Assis assistindo à Santa Missa, tremendo de frio, disse de modo a ser ouvido por um vizinho: "Peça a Francisco que lhe venda um pouco do suor dele!"; mas Francisco não se perturbou e respondeu com ternura: "Oh, eu o venderei por um valor mais alto ao meu Senhor!".

Nesse meio-tempo, o trabalho de São Damião estava quase terminado. Francisco achou que precisava deixar uma boa provisão de óleo para a lâmpada diante do Santíssimo Sacramento e foi pedir esmolas. Aconteceu de encontrar-se justamente diante da casa de um de seus antigos amigos. Parou por um instante: através da porta ouvia-se um rumor de vozes alegres e o tilintar de taças e talheres. Francisco percebeu que estava havendo um banquete lá dentro. Talvez estivessem ali quase todos os seus companheiros! Um sentimento de vergonha o golpeou de surpresa; involuntariamente corou e deu alguns passos para trás. De repente, porém, uma voz interna o fez parar e o empurrou novamente para a porta. Ele entrou e, com humilde firmeza, confessou a sua covardia aos amigos, pedindo-lhes pelo amor de Deus uma esmola para o óleo do altar de São Damião; conseguiu abundantemente o quanto desejava. Este episódio deixou uma marca profunda nas lembranças de Francisco.

Terminada a obra em São Damião, o jovem começou a reforma da velha igreja de São Pedro, perto dos muros da cidade. Depois se dedicou à reconstrução da Porciúncula, também chamada de "Santa Maria dos Anjos": uma velha capela campestre onde um dia, com o coração repleto das palavras que o Crucificado de São Damião lhe havia dirigido, chorou longamente pela paixão de Jesus.

Fazendo-se restaurador de igrejas, Francisco até então acreditava estar obedecendo às ordens divinas. Deus, porém, o estava preparando a desígnios bem mais profundos de sua vontade.

Na manhã de 24 de fevereiro de 1209, Francisco estava assistindo à Santa Missa na capelinha da Porciúncula, que o padre de São Damião, para agradar-lhe, frequentemente ia celebrar. Era a festa do Apóstolo São Mateus e o sacerdote leu o Evangelho do dia: "Por onde andares, proclamai: 'O Reino dos Céus está próximo'. Curai doentes, ressuscitai mortos, purificai leprosos, expulsai demônios. De graça recebestes, de graça deveis dar! Não leveis ouro, nem prata, nem dinheiro à cintura; nem sacola para o caminho, nem duas túnicas, nem sandálias, nem bastão, pois o trabalhador tem direito a seu sustento. Em qualquer cidade ou povoado em que entrardes, procurai saber quem ali é digno e permanecei com ele até a vossa partida. Ao entrardes na casa, saudai-a: se a casa for digna, desça sobre ela a vossa paz; se ela não for digna, volte para vós a vossa paz" (Mt 10,7-13). Foi como se aquelas palavras fossem dirigidas somente a Francisco. Percebeu um indescritível desejo de Deus – que é, afinal, o núcleo de toda vocação – e disse: "É isso o que eu quero, é isso o que peço, e isso o que desejo, de todo o coração!". O restaurador de igrejas tornou-se, então, apóstolo e evangelizador. Ao sair da capela, tirou os sapatos, largou seu cajado e, contentando-se com uma só túnica, amarrada por uma corda em torno da cintura, foi-se embora levando aos irmãos a paz do Senhor.

CAPÍTULO IX

OS PRIMEIROS SEGUIDORES

Naqueles dias, Francisco apareceu com frequência nas praças e ruas de Assis usando sua túnica cinza: "A paz do Senhor!", dizia, saudando a quem encontrava pelo caminho; e quando certo número de pessoas o rodeava, subia em uma pedra ou um degrau e falava de coisas simples, que todos podiam compreender. Falava, sobretudo, da paz que Deus dá às almas que o buscam com sinceridade de coração, da paz que vem da obediência aos seus desígnios, da paz que os homens teriam se seguissem os mandamentos da caridade. Eram palavras que todos desejavam escutar. Muitos haviam dito antes coisas parecidas, mas ninguém jamais falara como Francisco. O amor de Deus estava na sua voz, um fogo emanava do fundo do seu coração. Suas palavras abriam caminho na alma e ali permaneciam. Os mais sensíveis se sentiram agitados em seu íntimo e se perguntavam se não era Deus que, pela boca daquele homem, os convidava a fazer penitência.

O primeiro a responder ao apelo foi um jovem de Assis: Bernardo de Quintaval. Ele pertencia a uma rica família de comerciantes, como Francisco, e provavelmente fora um de seus companheiros durante as noites festivas. Ouvindo as pregações, sentiu saudade de Deus. Convidou-o a ir dormir na sua casa, para conversarem. De noite, Bernardo suspeitou que, quando ele, cansado, dormisse, Francisco aproveitaria para levantar-se e rezar. Quis colocá-lo à prova. Assim que deitou, fingiu dormir pesadamente e se pôs a ressonar. Francisco, acreditando que Bernardo estivesse realmente dormindo, levantou-se, ajoelhou-se e começou a rezar com grande fervor: "Meu Deus! Meu Deus!", exclamava. E seus olhos encheram-se de lágrimas.

Na manhã seguinte, Bernardo lhe disse: "Irmão Francisco, decidi no meu coração abandonar o mundo, seguir e obedecer a você". "Peçamos conselho a nosso Senhor", respondeu simplesmente Francisco. "Vamos juntos à Missa. Pediremos a Deus que nos mostre o caminho que ele deseja que sigamos." Foram juntos à igreja e rezaram por longo tempo. Depois, pediram ao padre que havia celebrado, Pedro de Catânia, que abrisse três vezes o Evangelho em nome de Nosso Senhor Jesus Cristo. O padre fez o sinal da cruz e abriu. Leu o episódio entre Jesus e o jovem rico: "Se queres ser perfeito, vai, vende os teus bens, dá o dinheiro aos pobres, e terás um tesouro no céu. Depois, vem e segue-me" (Mt 19,21). A segunda vez, encontrou o conselho dado aos apóstolos, que já havia tocado Francisco: "Não leveis bolsa, nem sacola, nem sandálias" (Lc 10,4). Enfim, o último: "Então Jesus disse aos discípulos: 'Se alguém quer vir após mim, renuncie a si mesmo, tome sua cruz e siga-me'" (Mt 16,24). "Eis aí, irmão", disse então Francisco a Bernardo, "o conselho que o Senhor nos dá". Sem perder mais tempo, Bernardo juntou tudo que tinha – de fato, era muito rico – e com grande alegria distribuiu a viúvas, órfãos, condenados, peregrinos e doentes. Francisco o ajudava, agradecendo ao Senhor.

Nesse tempo, passou por lá um padre, Silvestre, o qual, tempo atrás, havia cedido a Francisco algumas pedras para restaurar São Damião. "Você não me pagou por todas aquelas pedras", disse ele, vendo Francisco distribuir dinheiro a mãos cheias. "Já que agora pode, pague-me!" Em resposta, Francisco tomou um punhado de moedas e colocou em seu colo: "Se é o que deseja, aqui está!". Silvestre guardou o dinheiro. À noite, em casa, começou a refletir sobre o que havia visto. Por duas noites não teve paz. Pegou, então, tudo o que possuía, também distribuiu aos pobres e foi pedir a Francisco para acolhê-lo como seu discípulo. Nesse ínterim, também Pedro de Catânia havia deixado tudo e fora unir-se à pequena fileira de seguidores de Jesus, reunidos em torno do jovem.

Os quatro companheiros decidiram estabelecer-se por um tempo na Porciúncula. Ao lado da Igreja ergueram uma cabana de barro e galhos, onde passavam a noite. Foi lá que chegou outro jovem de Assis, Egídio. Decidido a seguir Francisco, um dia ele caminhava absorto em seus pensamentos na direção da Porciúncula. De repente, nas margens de um bosque, encontrou-se diante do próprio Francisco. Jogou-se a seus pés, pedindo-lhe que o acolhesse entre os seus companheiros: "Caro irmão, Deus lhe conceda uma grande graça! Se o imperador viesse a Assis e fizesse de um dos cidadãos seu cavaleiro, aquele cidadão se regozijaria muitíssimo! Eis que, ao invés, é Deus que o elege seu fiel cavaleiro, chamando-o à perfeição evangélica!". Conduziu-o consigo até onde estavam os outros irmãos e o apresentou com estas palavras: "O Senhor nos enviou um novo companheiro. Exultemos nele e comamos juntos". Ao fim da refeição, Francisco e Egídio subiram a Assis, à procura do tecido para a túnica do novo irmão. Encontraram no caminho uma velhinha que lhes pediu uma esmola. Francisco olhou para Egídio: "Meu caro irmão, você daria o seu manto a esta pobre senhora?". Egídio não hesitou um instante. Entregou sua roupa à mulher e lhe pareceu que aquela caridade ascendera diretamente ao céu.

CAPÍTULO X

OS PENITENTES DA CIDADE DE ASSIS

A vida desses primeiros companheiros – os "Penitentes de Assis", como eram chamados pelo povo – foi muito simples e verdadeiramente evangélica. Dividiam o tempo entre a oração e as missões, pois se espalhavam pelo entorno de dois em dois e pregavam o Evangelho de Jesus Cristo. Parecia realmente que haviam retornado aos primeiros tempos da Igreja.

"Preguem o Evangelho da paz e da conversão", dizia-lhes Francisco. "Sejam pacientes na adversidade, respondam humildemente a quem quer que os interrogue, bendigam os que os perseguirem, porque grande será a recompensa de vocês no céu por tudo isso. Nunca tenham medo: o Pai celeste falará pela boca de vocês." E os abraçava um a um, como uma mãe abraça os seus filhos, repetindo a eles como um testamento este trecho da Sagrada Escritura: "Entrega ao Senhor tua ansiedade e ele te dará apoio, nunca permitirá que vacile o justo" (Sl 55,23).

As exortações de Francisco não eram inúteis, porque, se em geral a passagem deles era considerada uma bênção, também acontecia que encontrassem gente que os considerasse nada menos que loucos. Alguns chegavam a espancá-los, zombar deles, jogar-lhes lama. Também roubavam suas roupas, mas eles não se defendiam e seguiam seminus pelo caminho. Outros os agarravam pelo capuz, jogando-os por cima dos ombros, como se fossem sacos de farinha. Às vezes eram tratados como trastes e não lhes davam refúgio durante a noite. Geralmente, porém, acontecia que, quem lhes havia tratado mal, vencido pela paciência e pela virtude com que reagiam, se arrependia.

Nesse meio-tempo, certo Guido, homem muito rico que toda manhã ia à igreja distribuir esmolas aos mendigos lá reunidos, se aproximou de Bernardo e Egídio, mas estes se recusaram a aceitar dinheiro.

"Por quê? Vocês também não são pobres?"

Bernardo respondeu: "Sim, somos pobres, mas assim nos tornamos espontaneamente, por amor a Deus". Guido ficou surpreso. Interrogou-os, ouviu a história deles e foi tomado de grande admiração.

Nesse ínterim, a família dos Penitentes de Assis havia aumentado; eram já doze e o último a chegar, Ângelo Tancredo, fora conquistado por Francisco na sua mais recente passagem por Rieti. Era um cavaleiro jovem e elegante; um rapaz verdadeiramente belo e fascinante. Francisco, ao encontrá-lo na estrada, o interpelara assim: "Você já carregou cinta, espada e esporas por muito tempo! Está na hora de trocar a cinta por uma corda, a espada pela cruz de Jesus Cristo, as esporas pelo pó e a lama das estradas! Siga-me, eu farei de você um cavaleiro do exército de Cristo". Ângelo obedeceu, reconhecendo o chamado do Senhor, e permaneceu sempre perto de Francisco, com um afeto particular. É fácil, porém, compreender que com o tempo as dificuldades do caminho que os irmãos haviam escolhido aumentassem. Às vezes as pessoas se cansavam de dar-lhes esmola; os parentes, sobretudo, formavam um ambiente hostil em torno deles.

Da Porciúncula, onde já não cabiam mais, passaram a uma espécie de casebre, em um local pouco distante chamado "Rivotorto". Também este era tão estreito que Francisco precisou escrever o nome de cada irmão sobre o do outro, para que não houvesse confusão. Não havia igrejas próximas: os companheiros rezavam diante de uma grande cruz de madeira, levantada diante do casebre.

O bispo de Assis, ao tomar conhecimento da situação, tentou persuadir Francisco a atenuar suas ideias sobre pobreza: "Se os irmãos possuíssem alguma coisa", disse-lhe, "teriam ao menos assegurado o pão de cada dia". Parecia-lhe, além do mais, que mendigar fosse uma espécie de degradação, que atraísse o desprezo público sobre a pequena comunidade. "Senhor bispo", respondeu Francisco, "se nós tivéssemos alguma propriedade, precisaríamos também ter armas para defendê-la. Da propriedade, de fato, derivam os litígios com os outros, e assim o amor de Deus e dos homens é insultado. Então, para conservar este amor intacto, nós não queremos possuir nada no mundo". O bispo calou-se, inclinando a cabeça. As dificuldades continuaram. Às vezes, especialmente no inverno, não era possível encontrar trabalho e a vida no casebre de Rivotorto, sombrio e cheio de goteiras, exigia realmente um grande heroísmo. Os irmãos passavam dias inteiros sem ter o que comer e, embora Francisco procurasse manter viva a esperança na alma deles, acontecia que eles se sentissem desencorajados e hesitantes; a lembrança de tudo o que haviam deixado doía-lhes no coração, mas eram momentos fugazes. O amor de Deus triunfava sempre.

Todos persistiam na dura vida de renúncia e encontravam nova coragem para vencer a si mesmos. Enquanto isso, pouco a pouco a opinião pública começou a virar em favor deles. A constância que demonstravam despertou admiração. Apesar da pobreza, eles não ficavam mais de mãos vazias diante daqueles a quem pediam algo para mastigar ou para afugentar o frio. Durante o dia eram vistos cuidando dos doentes no hospital ou trabalhando, sempre que conseguiam encontrar uma ocupação. Geralmente, à noite, quem passava por Rivotorto os ouvia rezar juntos. Procuravam não se empenhar demais por dinheiro, como lhes havia ensinado Francisco. Se acontecia de serem pagos pelo trabalho ou de receber dinheiro como esmola, distribuíam-no alegremente a quem tivesse mais necessidade. A "regra de ouro" consistia em não se empenhar demais pelo dinheiro, conscientes de que, ainda que necessário, ele pode se tornar fonte de inquietações. Os irmãos, além do mais, amavam-se muito uns aos outros. Certa vez, quando dois deles foram assaltados e atacados a pedradas por um louco vagabundo, ficaram trocando de lugar, cada um querendo caminhar do lado de onde vinham as pedras. Francisco, todavia, não estava completamente tranquilo: sentia uma grande responsabilidade diante de seus companheiros.

"Quem sois vós, Senhor, e quem sou eu, pobre verme?", perguntava ele, em um momento de oração intensa, escondido em uma gruta. "Senhor, eu vos dei tudo, mas gostaria de fazer mais, gostaria de fazer melhor, por vosso amor!" Foi então que Francisco sentiu no profundo da alma o perdão de Deus pelas suas culpas passadas e o impulso de continuar pelo caminho que havia tomado.

Depois disso, decidiu ir com seus irmãos a Roma, para submeter ao Papa a regra de vida adotada para si e para os demais, concentrada em poucas e simples palavras.

CAPÍTULO XI

EM ROMA

No verão de 1209, a pequena comitiva dos Penitentes de Assis se pôs em marcha rumo a Roma. Não querendo distrair-se em seu recolhimento, Francisco havia elegido Bernardo de Quintaval como líder do grupo para aquele período de tempo.

Ao longo do caminho, os irmãos rezavam, cantavam hinos sagrados, conversavam sobre as coisas de Deus; e Deus preparava-lhes em toda parte um abrigo e não lhes deixava faltar nada. Certa noite, Francisco teve um sonho que reforçou suas esperanças. Parecia-lhe caminhar por uma estrada; à margem viu uma árvore enorme, forte e exuberante. Aproximou-se e, enquanto a admirava, elevou-se até tocar-lhe o cimo; ao mesmo tempo, a própria árvore se inclinava para o chão, recobrindo-o todo com seus ramos. Francisco entendeu, assim, que o Papa o acolheria bem e lhe daria a sua proteção.

Em Roma, os irmãos foram primeiramente ao encontro do bispo Guido de Assis, que lhes respeitava e venerava com afeto particular; naqueles dias, de fato, estava presente em Roma. Ele prometeu ajudá-los e lhes apresentou o cardeal Giovanni da Basílica de São Paulo Fora dos Muros, o qual assumiu o encargo de falar deles ao Sumo Pontífice Inocêncio III.

O Papa, ainda jovem e cheio de energia, precisara lutar muito pelo bem da Igreja, agitada naquele tempo por sete religiosos que ameaçavam a sua unidade. Quando o cardeal Giovanni lhe disse: "Encontrei um homem perfeito, que deseja viver segundo o Evangelho; creio que o Senhor tem planos para ele", ele ficou perplexo e um pouco desconfiado. Todavia, consentiu em receber os Penitentes de Assis e deixou que Francisco lhe expusesse o seu projeto. Mas logo disse: "Caro filho, a vida que você e os seus irmãos estão levando me parece muito austera. Impulsionados por um primeiro entusiasmo, são capazes de viver assim. Mas não pensou naqueles que virão depois de vocês? E se não tiverem mais o mesmo zelo?".

"Senhor Papa", respondeu humildemente Francisco, "eu me confio a Nosso Senhor Jesus Cristo. Ele nos prometeu a vida eterna e as bem-aventuranças do Céu. Não nos negará uma coisa assim tão pequena como é o pouco de que necessitamos para viver nesta terra". Inocêncio sorriu com ternura e disse: "O que você diz, meu filho, é justíssimo, mas a natureza humana é frágil e dificilmente se mantém por longo tempo no mesmo estado. Vá e peça a Deus que lhe revele até que ponto o que você deseja está de acordo com a santa vontade dele".

Francisco e os irmãos deixaram o Papa, o qual expôs o projeto aos cardeais em consistório. Era bem natural que muitos deles levantassem objeções. Como seria possível manter uma pobreza absoluta? E andar pelo mundo rezando sem levar nada consigo: não era quase um desafio à divina Providência?

O cardeal Giovanni de São Paulo observou simplesmente: "Ele deseja apenas viver de acordo com o Evangelho. Se declararmos que isso supera as forças humanas, não falhamos com a fé e o respeito que devemos à palavra de Jesus?". Esta resposta causou efeito. Antes, foi exatamente essa a primeira verdadeira aliança entre o movimento franciscano e a Igreja Católica Romana. Francisco foi chamado novamente pelo Papa.

Na noite precedente a esta segunda audiência, Inocêncio III teve um sonho. Parecia-lhe observar a Basílica de Latrão, consagrada a João Batista e a João Evangelista: a mais antiga e mãe de todas as igrejas. De repente o grande edifício começou a balançar, a torre se curvou, as paredes se abriram e o Papa observava a cena com horror. Um instante a mais e da magnífica igreja não restaria mais nada além de um monte de ruínas. Mas então apareceu um homenzinho de aspecto pobre, em roupas de camponês amarradas por uma corda na cintura e com os pés descalços, que olhava ao redor; ele foi direto para a insegura igreja e se apoiou em uma das paredes. Que maravilha! O homem crescia, crescia até se tornar alto como um muro, e com um movimento de gigante colocou o ombro sob a cornija e levantou a igreja que caía. O Papa suspirou. A Basílica estava novamente de pé e íntegra diante dele. O homem que a havia sustentado e reerguido era Francisco, o pobre irmãozinho de Assis.

Quando no dia seguinte Francisco compareceu diante do Papa, encontrou-o já bem-disposto para com ele.

"Senhor Papa", disse-lhe Francisco, que havia preparado o seu discurso diante de Deus, "gostaria de contar-vos uma fábula: em um lugar deserto habitava uma mulher belíssima e muito pobre. O rei a viu, apaixonou-se por ela e quis possuí-la. Ao se tornar mulher do rei, deu à luz muitos filhos. Começou então a pensar: 'O que eu, uma pobre mulher, poderei fazer por todas estas minhas criaturas? Eu que não possuo nada?'. Disse, todavia, aos filhos: 'Não temam, pois vocês são filhos de um rei. Vão até ele, que lhes dará o que vocês precisarem'. Eles se apresentaram diante do rei e este ficou maravilhado com a beleza deles. Viu também que se pareciam com ele. 'De quem vocês são filhos?', perguntou. 'Da pobre mulher que encontrastes no deserto.' O rei, então, os abraçou com grande alegria: 'Não temam, vocês são minhas criaturas! Muitos estrangeiros comem à minha mesa; com maior direito poderão comer vocês, que são meus filhos legítimos'. O rei mandou dizer à mulher que mandasse à corte todos os filhos, pois pretendia atender-lhes em tudo".

"Senhor Papa", acrescentou Francisco, "eu sou aquela pobre mulher do deserto. Deus, na sua misericórdia, voltou seu olhar para mim e me deu muitos filhos em Cristo. E o Rei dos reis prometeu atender todos os meus descendentes; pois, se nutre aos estrangeiros, tanto mais dará aos filhos de sua casa".

Inocêncio III ouviu aquelas palavras como se tivessem sido ditas por Deus.

"Eis um homem verdadeiramente santo e piedoso", disse. "Por ele será restaurada a Igreja do Senhor!" Abraçou Francisco, abençoando-o e a todos os irmãos, e disse-lhes:

"Vão com Deus, irmãos, e preguem como o Senhor os inspirar. Quando o Senhor os fizer crescer em número e em graça, voltem jubilosos a mim, e eu lhes concederei favores mais numerosos e lhes confiarei tarefas mais importantes".

Todos os irmãos se ajoelharam diante do Papa e prometeram-lhe solenemente obediência. Depois, a seu comando, prometeram obediência a Francisco como a seu Pai. A ele foi dada a permissão de pregar e transmitir a mesma autoridade aos outros. Nesse momento foi reconhecida a primeira *Regra* franciscana. Terminada a audiência, os irmãos receberam do cardeal Giovanni a tonsura, sinal externo do privilégio de anunciar a Palavra de Deus.

CAPÍTULO XII

O RETORNO A ASSIS

Os Penitentes de Assis iniciaram o caminho de retorno. Haviam descoberto que em Roma morava verdadeiramente o sucessor do pescador da Galileia, Pedro, mas também que aquela cidade, a Urbe, pode ser muito perigosa. Por um momento até se perguntaram se, num dia futuro e distante, um Papa não escolheria o nome de Francisco.

Estavam em pleno verão. O calor era sufocante e o sol brilhava como fogo sobre a paisagem árida. Mas eles prosseguiam satisfeitos, serenos e, acima de tudo, não paravam de pensar na graça recebida do Senhor em Roma. Na primeira noite chegaram a um lugar deserto, onde, apesar de cansados e famintos, não conseguiram encontrar comida alguma. Mas subitamente apareceu um homem que deu a eles o pão que levava consigo e em seguida se afastou. "Foi o Senhor que o enviou a nós", disseram-se os irmãos, e exortaram-se a confiar sempre mais na Providência divina.

Na noite seguinte chegaram a um local próximo à cidade de Orte, onde ficaram por quinze dias. Alguns entravam de vez em quando na cidade e iam pedir esmola de porta em porta; levavam o que conseguiam aos outros, comiam contentes, agradecendo ao Senhor. Se conseguiam algo a mais, não havendo pobres a quem doar, guardavam para o dia seguinte. Era um local deserto e abandonado. Ninguém passava por ali. A beleza da natureza era encantadora. Os irmãos dividiam o tempo entre a oração e a meditação, e foi quase de má vontade que finalmente foram embora. Através do vale de Espoleto, seguindo Francisco, chegaram finalmente ao casebre de Rivotorto e retomaram a vida costumeira.

Agora Francisco podia, com autorização do Papa, pregar livremente nas igrejas. O bispo de Assis concedeu-lhe também a catedral. Ele simplesmente falava de Jesus, como antes havia feito nas praças e pelas ruas; falava sem temor e sem reservas, porque o que ensinava aos outros ele mesmo o praticava, já fazia bastante tempo. As pessoas o estimavam e o rodeavam cada vez mais. Sobretudo o povo via nele um amigo e um protetor.

Certamente foi sob a influência das prédicas de Francisco que, em 1210, foi firmada em Assis uma aliança entre nobres e plebeus, isto é, entre a classe superior e a inferior. Por força desta *Carta Magna* de Assis, todos os cidadãos que até então eram servos da gleba tornaram-se livres. Os habitantes do entorno de Assis obtiveram os mesmos direitos dos cidadãos; foi fixado um honorário aos empregados da Prefeitura e estabelecido o modo de partilhar os impostos; foi concedida proteção aos estrangeiros e, por fim, chegou-se ao acordo de uma anistia geral. Era o triunfo do espírito do Evangelho.

Naquela época, certo dia um irmão estava lendo a *Regra* em voz alta diante de Francisco; ao chegar no ponto: "Eles devem considerar-se insignificantes" (*Et sint minores*), Francisco exclamou: "É isso, é esse o nome que vamos usar!". Havia algum tempo, de fato, ele pensava nisso.

"Pessoas menores, Frades Menores! Eis *o nome* que nos convém!"

Surgiu assim a Ordem dos Frades Menores.

CAPÍTULO XIII

A POESIA DA VIDA EM RIVOTORTO

A paz que Francisco difundia em torno de si retornava centuplicada ao casebre de Rivotorto.

Uma harmonia celeste reinava entre os irmãos. Quando se reencontravam à noite, depois de uma jornada de trabalho e apostolado, a alegria comum era imensa e emanava das faces serenas e das palavras cheias de ternura. Não possuindo nada, a nada eram apegados e nada temiam perder. Eram livres e satisfeitos como os pássaros do ar, contentavam-se com apenas uma túnica, remendada por dentro e por fora. Portanto, nada os distraía, nem se preocupavam com o amanhã. Ajudavam os camponeses nas tarefas do campo, cuidavam dos leprosos, servindo a todos com humildade e devoção. Suportavam pacientemente as injúrias e na boca deles ressoavam apenas palavras de louvor e de agradecimento ao Senhor. Pregavam continuamente durante o dia e também durante parte da noite. Recitavam o breviário como os sacerdotes católicos e, frequentemente, cantavam o Pai-Nosso num ritmo suave como Francisco os havia ensinado. Ele permanecia o centro e a alma daquela vida em comum. Os irmãos não lhe escondiam nada, revelavam-lhe os seus sentimentos mais secretos, os desejos mais íntimos do coração. Obedeciam-lhe sem esforço e procuravam adivinhar e anteceder as suas vontades. Alguma coisa nele os atraía e lhes dominava o coração: era o infinito amor de Cristo e por Cristo que emanava de toda a sua pessoa.

Certa noite, enquanto repousavam, ouviu-se um lamento: "Estou morrendo, ai de mim, estou morrendo!".

Francisco levantou-se e acendeu uma tocha: "Quem gritou?".

Ouviu-se uma voz responder: "Pai, fui eu!".

"O que você tem, irmão? O que está sentindo?"

"Estou com tanta fome que parece que vou morrer!"

Era um jovem frade que havia ido um pouco longe demais com o jejum. Francisco fez arrumar a mesa com o pouco que tinham, alimentos simples e do campo, e sentou-se ao lado do pobre irmão esfomeado, comendo com ele e convidando os demais a imitá-los. Terminada a comida, o bom pai admoestou os filhos a oferecer ao Senhor sacrifícios como o sal usado no tempero e a levar em conta as próprias forças: "Subtrair ao corpo o necessário é pecado, como é pecado sujeitar-se à gula!".

Outra vez, Francisco levantou-se pela manhã bem cedo para levar a uma vinha um irmão adoentado, pensando que uns cachos de uva fresca e doce pudessem ajudá-lo. E lá, ele mesmo colheu os cachos de uva e os comeu para que o companheiro não se envergonhasse por comer sozinho. Aquele frade nunca mais se esqueceu da delicadeza de Francisco e durante a sua velhice ainda contava o fato com lágrimas nos olhos.

A tranquila existência em Rivotorto terminou de modo inesperado. Certo dia, enquanto os irmãos estavam recolhidos em oração, chegou um camponês com seu burrico e, sem mais nem menos, o empurrou para dentro, gritando: "Entre logo, que vamos nos arranjar bem aqui!". Com que direito o camponês tomava posse do casebre? Foi tão grosseiro que Francisco nem pensou em persuadi-lo a deixá-los em paz. Além do mais, ele não havia sempre dito que nem ele nem os irmãos deveriam possuir nada de próprio? Imediatamente, a pequena comunidade abandonou Rivotorto e retornou para a Porciúncula.

CAPÍTULO XIV

A PRIMEIRA COMUNIDADE E OS PRIMEIROS FRANCISCANOS

Ao lado da capela de Santa Maria dos Anjos, que o próprio Francisco havia restaurado, os irmãos construíram rapidamente algumas cabanas, com ramos, barro, folhas e palha. A parede era uma cerca viva: a floresta se estendia em torno do claustro. Aquela foi a primeira *comunidade* franciscana, o primeiro "convento", que devia servir de modelo a todos os outros. Os frades viveram ali por dez anos. Ao lado dos primeiros discípulos, outros logo vieram, reunindo-se em torno da Porciúncula. A lenda recorda especialmente alguns nomes: Rufino, Masseo, Junípero, Leão. Entre os primeiros que chegaram, um dos mais notáveis continuou sendo frei Egídio, que Francisco chamava de "seu cavaleiro da Távola Redonda". Tivera, de fato, uma vida de muitas aventuras.

Conduzindo um amigo à Terra Santa, Egídio passou por Bríndisi, onde foi obrigado a permanecer por vários dias. Conseguiu, então, um velho jarro e, enchendo-o de água em uma fonte, andava pela cidade gritando: "Quem quer água?". Não aceitava pagamento em dinheiro, mas pão e outras coisas necessárias para ele e seu companheiro.

Também no retorno da peregrinação não pôde prosseguir diretamente e parou em Ancona. E por algum tempo viveu ali de seu trabalho, esforçando-se de mil maneiras. Trançava cestos de salgueiros, trabalhou até como coveiro. Foi assim que ganhou uma roupa para si e outra para o frade que o acompanhava. "Esta caridade velará por mim enquanto durmo", dizia ele no auge da satisfação. Em Ancona, um padre, vendo-o chegar à cidade com um feixe de juncos, deixou que saísse de sua boca a palavra "hipócrita". Egídio o ouviu; sentiu-se atingido de tal maneira que se pôs a chorar.

"O que o aflige deste modo?", perguntou-lhe o companheiro.

"Choro porque sou um hipócrita. Foi o que me disse hoje um padre."

"Mas por que ele disse isso? Acredita nele?"

"Claro!", respondeu Egídio. "Um padre não pode mentir."

O outro teve um trabalhão para convencê-lo de que o padre, sendo um homem, podia muito bem errar. E, finalmente, o aflito Egídio conseguiu consolar-se. Mas não totalmente.

Frei Egídio conservou as características de verdadeiro Frade Menor até a morte: a pobreza, a pureza e a alegria. E talvez também a santa ingenuidade.

Frei Masseo foi frequente companheiro de Francisco nas suas peregrinações. Era um jovem alto e belo, e tinha o dom da palavra, por isso, quando saía a mendigar, recebia até pães inteiros, enquanto Francisco, talvez em razão de seu aspecto miserável, não costumava ganhar mais que pequenos pedaços de pão seco. Para reforçar sua humildade, Francisco o colocava a prova de várias maneiras. Um dia, encontraram-se num cruzamento de onde se podia ir a Florença, a Sena ou a Arezzo. Sem ter decidido o rumo a tomar, Francisco quis brincar com frei Masseo, sugerindo-lhe que ele perguntasse a Deus para onde ir. E indicou-lhe até mesmo o modo, como se costuma fazer em situações similares: girar sobre si mesmo na ponta dos pés, com os braços abertos para manter o equilíbrio, mas com os olhos fechados. No momento em que parasse de girar, com os braços abertos em forma de cruz, deveria abrir os olhos e seguir pela estrada que estivesse diante deles. E assim fez frei Masseo. "Estranho modo", pensou este, mas não tão estranho para o Arauto de Deus, que inventava os meios mais inusitados para tentar entender a vontade de Deus. Assim, abertos os olhos, frei Masseo viu Sena ao longe, e essa foi a cidade para a qual se encaminharam alegremente.

Outra vez, enquanto viajavam juntos, reencontraram-se depois de terem saído para mendigar. Estavam fora da cidade, perto de uma clara e fresca nascente de água. Havia uma bela pedra larga e lisa ao lado; ali deixaram a esmola que haviam recebido. E Francisco, vendo que Masseo tinha um pedaço de pano branco e macio, exclamou: "Frei Masseo, não somos dignos de tão grande tesouro!".

"Mas Pai", arriscou Masseo, "como se pode chamar de tesouro onde há tanta pobreza? Não temos toalha, nem talheres, nem tigelas, nem casa, nem refeitório".

"É isso que eu chamo de tesouro", respondeu Francisco, "nada foi preparado pelo engenho humano, tudo veio da Providência divina. Por isso, devemos rezar a Deus que nos faça amar com todo o coração o tesouro da santa Pobreza".

CAPÍTULO XV

OUTROS COMPANHEIROS DE FRANCISCO

Frei Rufino de Assis pertencia a uma família respeitável, como Bernardo de Quintaval. E, como Bernardo, se sentia, sobretudo, chamado à vida de contemplação e de oração. Aconteceu-lhe, certa vez, de ser tentado a abandonar-se ao desânimo: "Não importa o que faça, nunca conseguirei salvar minha alma!", pensava consigo mesmo. Por vergonha, não contava nada a Francisco e a tristeza o dominava cada vez mais. "De que lhe serve a sua penitência?", questionava-lhe internamente o demônio. "Não confie em Francisco, ele também se engana, como você. Você está entre os condenados." Mas o Senhor revelou a Francisco o que frei Rufino lhe escondia. Enviou frei Masseo para que o reconduzisse.

"Como Pai Francisco poderá ajudar-me?", perguntou Rufino.

"Frei Rufino, não sabe que ele é como um anjo de Deus? Iluminou tantas almas no mundo, e através dele nos veio a graça do Senhor! Venha comigo!"

E tendo-o próximo de si, contou-lhe todas as tentações que tivera e ensinou-lhe o que devia fazer para afastá-las.

Frei Rufino obedeceu, chorando de arrependimento e comoção. Voltou consolado a Francisco, reconhecendo de novo a sua culpa. E Francisco o confortou com tão doces palavras que, mais tarde, enquanto rezava na cela, lhe apareceu Jesus Cristo: "Você fez bem, meu filho, em acreditar em Francisco. Aquele que o entristecia era o demônio. Mas eu sou Jesus, seu Mestre, e para que tenha certeza deixo-lhe este sinal: de agora em diante não sentirá mais tristeza nem melancolia". A visão de Jesus desapareceu. Mas ficaram em Rufino tanta ternura e alegria de espírito que nunca mais pôde afastar o pensamento de Deus. Francisco dizia que frei Rufino fora canonizado por Cristo já nesta vida!

Outro jovem de nome João, sentado diante de Francisco, disse-lhe: "Há bastante tempo eu desejava servir a Deus, especialmente depois de ouvir falar de você e de seus irmãos, mas não sabia onde encontrá-lo. Agora o Senhor fez com que nos encontrássemos. Diga-me o que devo fazer".

"Irmão, se é sua intenção viver conosco, deve desfazer-se de seus bens e dá-los aos pobres. Assim fizeram todos os meus irmãos."

João correu para soltar o gado e ofereceu um boi a Francisco, dizendo: "Daremos este boi aos pobres, porque tenho direito à minha parte dos bens paternos".

Francisco sorriu aprovando aquela simplicidade de alma, mas os pais e os irmãos mais novos do camponês, ao saberem da sua decisão, chegaram chorando, lamentando mais a perda do boi que a de João. Francisco os consolou: "Fiquem tranquilos. Devolvo-lhes o boi e fico com o irmão". Levou-o consigo, vestiu-o com o hábito religioso e fez dele seu companheiro particular, por gostar tanto de sua simplicidade.

Frei João não viveu muito. Com a mesma pureza de alma com que vivera, passou ao Senhor. E Francisco, propondo-o como exemplo aos frades, o chamava não de frei João, mas de São João.

CAPÍTULO XVI

A PERFEITA ALEGRIA

Ao contar a história destes filhos de Francisco, os mais queridos dele e mais impregnados de seu espírito, antecipamo-nos um pouco. Deixamos os Frades Menores ainda em número modesto no primeiro convento da Porciúncula. Mas eis que, como no sonho do Santo Pontífice, o pobre fradezinho, engrandecido nos membros crescentes da sua família, tornara-se um valioso suporte da Igreja de Cristo.

Deus abençoava visivelmente a vocação e o trabalho de seu pequeno servo.

A família franciscana, que se tornara numerosíssima, foi dividida em pequenas famílias com um Guardião encabeçando-as. Comunidades franciscanas se formaram em toda parte e eram como centros onde se reuniam os membros dispersos, pois os Frades Menores, dedicando-se à pregação e ao apostolado, moviam-se muito. Todos os anos, porém, todos se reencontravam na Porciúncula, que permanecia a casa-mãe, em torno de frei Francisco, que fora sempre a inspiração e o exemplo para cada um de seus filhos. E Francisco, à frente de um movimento tão imponente de almas e homens, conservava intacto o ideal de pobreza, de simplicidade, de felicidade e de amor evangélico, como no início, quando, com o coração transbordante de alegria, havia cantado pelos bosques e pelas colinas como um arauto do Grande Rei.

As suas conversas com frei Leão, recolhidas nos *Fioretti*, nos permitem ler sua alma até o fundo. Frei Leão de Assis era o melhor amigo de Francisco. Como sacerdote, além de seu secretário, era também seu confessor e ele costumava chamá-lo "Ovelhinha de Deus".

Certa vez, Francisco veio de Perúgia a Santa Maria dos Anjos com frei Leão. Era inverno e fazia muito frio. "Frei Leão", disse-lhe, "ainda que os Frades Menores deem exemplo de santidade, escreva e anote que isso não é a perfeita alegria". Mais além, Francisco continuou: "Frei Leão, ainda que os Frades Menores recuperem a visão aos cegos, a audição aos surdos, o falar aos mudos e a possibilidade de correr aos aleijados; mais ainda, se ressuscitarem os mortos, escreva que isso não é a perfeita alegria". Caminhando um pouco mais, Francisco exclamou: "Frei Leão, ainda que os Frades Menores soubessem todas as línguas e as ciências e as Sagradas Escrituras, de modo que não apenas pudessem profetizar e revelar coisas futuras, mas não conhecessem os segredos das consciências dos homens, escreva que não é isso a perfeita alegria". Um pouco mais adiante Francisco disse ainda: "Frei Leão, Ovelhinha de Deus, ainda que os Frades Menores falassem a língua dos anjos, conhecessem o curso de todas as estrelas, as virtudes de todas as ervas, fossem-lhes revelados todos os tesouros da terra, conhecessem a virtude das aves, dos peixes, de todos os animais, de todos os homens, das árvores, das pedras, das raízes e das águas, escreva que não é isso a perfeita alegria". Depois de um tempo, Francisco retomou: "Frei Leão, ainda que os Frades Menores soubessem pregar de modo a converter todos os infiéis à fé de Cristo, escreva que não é isso perfeita alegria!".

Então frei Leão, com grande admiração, perguntou: "Pai, peço-lhe, em nome de Deus, que você me diga onde está a perfeita alegria".

Francisco respondeu: "Quando estivermos em Santa Maria dos Anjos, banhados pela chuva, congelados pelo frio, enlameados e esfomeados, bateremos à porta do convento e o porteiro virá cheio de raiva e dirá: 'Quem são vocês?'. E nós diremos: 'Somos dois dos seus frades'. E ele dirá: 'Não é verdade. Vocês são dois bandidos que andam enganando o mundo e roubando esmolas dos pobres. Vão embora!', e não nos deixará entrar, mantendo-nos do lado de fora, sob a neve e o gelo, com frio e fome até a noite. Então, se nós suportarmos tanta injúria e tanta crueldade pacientemente, sem nos perturbarmos e sem reclamarmos dele e pensarmos humildemente que aquele porteiro realmente nos conhece, que Deus é que o faz falar contra nós, frei Leão, escreva que isso é a alegria perfeita. E se nós perseverarmos batendo e ele sair incomodado e, como vilões importunos, nos mandar embora sob insultos e tapas, dizendo: 'Vão embora daqui, canalhas, vão embora que aqui não comerão nem encontrarão abrigo!'. Se nós suportarmos tudo isso pacientemente, com alegria e com amor, frei Leão, escreva, aí está a perfeita alegria! E se nós, forçados pela fome e pelo frio batermos de novo e chamarmos, pedindo e chorando pelo amor de Deus para que ele abra e nos deixe entrar, e ele, impaciente, disser:

'Esses são dois patifes, tratá-los-ei como merecem!'. E se ele sair com um bastão nodoso e nos puxar pelo capuz, nos jogar na neve e nos bater com aquele bastão; se nós suportarmos todas essas coisas pacientemente com alegria, pensando nas dores de Cristo bendito, frei Leão, escreva que essa é a alegria perfeita. Ouça a conclusão, frei Leão. Acima de todas as graças e os dons do Espírito Santo que Cristo concede aos seus amigos, está a graça de vencer a si mesmo e suportar dores, injúrias, dificuldades e opróbrios de bom grado, pelo amor de Cristo. Pois em todos os outros dons de Deus, nós não podemos nos gloriar, pois eles não são nossos, mas de Deus; na cruz e na tribulação, ao contrário, podemos nos gloriar, pois isso é nosso e é o que de melhor podemos dar a Deus".

CAPÍTULO XVII

OS TRÊS LADRÕES

Em sua *Regra*, Francisco havia escrito: "Quem quer que venha aos frades, amigo ou inimigo, ladrão ou trapaceiro, seja bem recebido". Como Jesus, ele preferia as ovelhas perdidas, ia atrás delas e as acolhia com amor indizível, mas não era sempre fácil agir com tanta caridade evangélica. Aconteceu, certa vez, que três ladrões bastante conhecidos na região se apresentaram a frei Ângelo, guardião do convento de Monte Casale, no coração da Toscana. Pediram comida: "Vocês não se envergonham de roubar o pão dos pobres?", respondeu a eles, asperamente. "Vão cuidar da sua vida e não me apareçam mais aqui." Eles, então, foram embora resmungando. Pouco depois chegou Francisco. O guardião logo o informou sobre o que acontecera. "Como pôde agir tão cruelmente?", perguntou Francisco, muito triste. "Não sabe que aos pecadores se conduz a Deus com a ternura? Jesus não disse que não são os sãos que precisam de Deus, mas os doentes? Em nome da santa obediência, pegue imediatamente o pão e o vinho que eu trouxe e corra atrás daqueles três ladrões, procure-os por vales e montanhas até encontrá-los. Então apresente a eles, de minha parte, o pão e o vinho e peça perdão de joelhos pela sua crueldade. Peça-lhes, depois, em meu nome, que não cometam mais maldades, mas temam a Deus e não o ofendam mais. Diga a eles que se prometerem fazer isso, eu os atenderei em todas as necessidades e não sentirão mais falta de nada."

Frei Ângelo obedeceu e, enquanto saía correndo, Francisco se pôs a rezar a Deus para que tocasse o coração daqueles desgraçados.

O obediente guardião os alcançou, ofereceu-lhes o pão e o vinho, dizendo e fazendo o que Francisco havia ordenado. Os três se puseram a comer, surpresos com tanta bondade, e enquanto comiam refletiam: "Realmente, estes frades são santos que merecem o Paraíso de Deus; nós, ao contrário, que fazemos? Até agora apenas roubamos, ferimos e semeamos o terror. Cada dia aumenta o peso de nossos pecados. O que Deus fará de pessoas tão ruins?". Eis que as palavras de Francisco afloraram à mente deles: "E se o escutássemos? Se confiássemos nele?".

Entraram em acordo e foram sem demora ao encontro de Francisco. "Pai", disseram, "parece-nos impossível sermos acolhidos pela misericórdia de Deus, agimos muito mal! Mas se você nos der esperança, estamos prontos a fazer o que nos mandar!". Cheio de bondade e de misericórdia, Francisco falou-lhes da infinita caridade de Deus, contando episódios do Evangelho e repetindo as palavras que Jesus dizia aos pecadores. Os três ladrões se converteram, mudaram de vida e pediram para ser admitidos entre os Frades Menores, onde viveriam na penitência e na oração pela virtude de todos.

CAPÍTULO XVIII

O CONSELHO DE IRMÃ CLARA

O entusiasmo despertado em torno da sua pessoa não deixou, todavia, de preocupar Francisco, que se questionava se o seu contínuo peregrinar pelo mundo terminaria prejudicando o recolhimento de sua alma. O sucesso o assustava. É fácil habituar-se aos louvores, às aclamações, à simpatia das multidões. Sobretudo uma viagem que Francisco realizou com Silvestre pela Toscana, em 1212, o fez refletir. Mais que uma viagem, foi uma marcha triunfal, especialmente no trecho final. Quando ele se aproximava de uma cidade, o povo ia ao seu encontro e o conduzia em solene procissão à casa do pároco, onde costumava hospedar-se. Levavam-lhe pães para abençoar e com frequência ouviam-se exclamações: "Eis o santo!".

Francisco tentava defender-se, em vão, acusando-se publicamente de toda mínima falta, recordando ter sido um pecador, fazendo notar que somente Deus sabia se ele perseveraria até o fim.

Para fugir ao clamor das multidões e refletir sobre como seguir a Deus, Francisco retirou-se por longas semanas em solidão, e foi no silêncio que lhe veio finalmente a ideia de aconselhar-se com irmã Clara. Mandou, então, frei Masseo a São Damião para ouvir o parecer de Clara. Ela, recolhida em oração com suas companheiras, recebeu uma sugestão por parte de Deus, que repassou a frei Masseo, o qual, por sua vez, levou a Francisco: "O Senhor diz que ele não o chamou a isso apenas para si, mas para que muitas almas através de você sejam salvas; a vontade dele é que você siga anunciando a todos o amor que ele tem por todas as suas criaturas".

Ao ouvir estas palavras, Francisco levantou-se e disse a frei Masseo: "Vamos, em nome de Deus!".

Ele não pediu esse conselho a Clara por acaso. Conheciam-se desde muito jovens. Lembrava-se muito bem de tudo o que aquela jovem e fascinante filha do patrício de Assis vivera no próprio coração e na família, quando decidiu seguir seu exemplo, deixando tudo e saindo de casa à noite, justamente pela "porta dos mortos". Não se pode negar, aliás, que Francisco realmente quisesse bem a Clara, que a estimasse muito. Apenas a recíproca e profunda amizade que tinham concentrava-se no amor comum pela pessoa vivente de Jesus Cristo, que a ambos havia deslumbrado, indicando a um e à outra duas vias complementares para viver o discipulado cristão. Compreenderam-no bem aqueles jovens, que perceberam o bater do próprio coração e o do outro e que, todavia, se enamoraram ainda mais do Senhor Jesus Cristo, vendo, mais que tudo, um no outro, a presença do próprio Filho de Deus e, por isso, talvez, amando-se ainda mais. Para Francisco e Clara aconteceu assim, no jogo de olhares, quando ela entrevia nos olhos de Francisco o reflexo maravilhoso de Jesus, a partir do momento em que o Pobrezinho tornou-se quase cego por chorar pelo amor com o qual o Nazareno crucificado nos salvou.

É também verdade que Francisco relutava em visitar Clara no mosteiro ao qual a havia destinado, São Damião. Às vezes, a esse respeito, parecia mesmo "obstinado". Mas Clara o entendia, como costuma acontecer entre jovens coetâneos quando saem do esquema, e vice-versa. Entendia e o perdoava. Ademais, já se contentava com a promessa de que o Arauto de Deus daria um *último presente* a ela e a suas irmãs: passar, depois de sua morte, levado pelos frades sobre uma maca, exatamente diante do mosteiro, para que, antes do sepultamento, a última a vê-lo sobre a terra fosse ela, Clara, naquele jogo de olhares do Espírito que só os dois conheciam de verdade. Como de fato aconteceu.

CAPÍTULO XIX

LUCCHESIO E OS PRIMEIROS FRANCISCANOS SECULARES

Naquele mesmo dia, com frei Masseo e frei Ângelo, Francisco chegou a uma vila chamada Alviano e se pôs a pregar. Mas ao seu redor um bando de andorinhas cantava tão alto que não se podia ouvir a voz dele. Sabemos que Francisco era amigo das criaturas e da Criação. Até mesmo falava com os animais de todas as espécies. "Minhas irmãs andorinhas", disse, "vocês já falaram bastante. Agora me deixem falar também! Ouçam também vocês, caladas e quietinhas, a Palavra de Deus". Para grande surpresa de todos, as andorinhas pareceram aquietar-se e, aliás, não se moveram de lá até que Francisco terminasse a pregação. Quem sabe, talvez o "escutassem" também, porque, como bom Arauto, ele sabia chamar a atenção de todos como os atores espirituosamente fazem no teatro.

O povo ficava de queixo caído e não queria mais se afastar. Todos o seguiriam se ele permitisse: "Não tenham pressa. Fiquem em casa", dizia-lhes Francisco. "Eu lhes direi depois o que devem fazer para salvarem suas almas." E foi então que começou a pensar na Ordem Terceira

Franciscana, ou seja, um modo adaptado de viver como ele, mas sem se tornar frade.

Especialmente àqueles que tinham família, realmente, não era possível deixar tudo para trás. Nem todos podiam abandonar a própria vida e o trabalho, nem afastar-se inteiramente do mundo, e no entanto a mensagem levada por Francisco se adaptava a todos: era um convite à vida evangélica que podia ser acolhido e seguido em qualquer condição. Francisco estava bem longe de condenar a família ou as riquezas terrenas, quando fossem usadas para o bem. O que ele pedia aos homens e às mulheres era deixar de lado os ódios e as inimizades, e abrir o coração caritativamente aos pobres, aos doentes e a todos os necessitados.

Acolhendo a oração dos muitos que lhe vinham pedir conselhos e suplicar que os conduzissem a Deus, ele fundou uma fraternidade de leigos e formulou uma *Regra* que uniformizasse a vida deles à dos Frades Menores, ao menos nos objetivos e em linhas gerais. Surgiram assim os Terciários franciscanos, ou seja, uma Terceira Ordem depois dos Frades Menores e das Irmãs Clarissas, denominada sucessivamente Ordem Franciscana Secular.

Ao se tornarem numerosíssimos, exerceram grande e benéfica influência sobre toda a sociedade. A primeira ideia de fundar esta nova Ordem surgiu na mente de Francisco naquele dia em que havia pregado, com muitos bons resultados, aos habitantes de Alviano, como contamos há pouco. Mais tarde, em Poggibonsi, perto de Sena, ele encontrou duas almas que lhe pareceram aptas a fundar a nova instituição: o comerciante Luquésio e Buonadona, sua mulher.

Originário de Assis, Luquésio havia se estabelecido na Toscana para fugir do ódio político e, comercializando grãos, havia acumulado grande riqueza. As prédicas de Francisco o inquietaram. Voltou-se para si mesmo e reconheceu que vivera apenas para o dinheiro. Distribuiu, então, suas posses aos pobres e não quis conservar mais do que a casa, um pequeno pedaço de terra e um burrico. Em casa acolhia doentes, pobres e peregrinos e frequentemente, com o burro carregado de provisões, ia a Maremma para ajudar as vítimas da malária. Trabalhava sozinho e, quando aquilo que conseguia não era suficiente para a caridade, pedia esmolas de porta em porta.

A mulher, no início, foi totalmente contra tal tipo de vida. Obstinava-se na primitiva avareza e não deixava de lamentar-se rispidamente da conduta do marido ou de culpá-lo em todas as ocasiões.

Um dia, Luquésio, depois de ter doado todo o pão que havia em casa, pediu a ela que desse mais alguma coisa aos pobres.

"Como você é estúpido!", respondeu Buonadona. "Percebe-se que perdeu o juízo! Onde quer que eu arrume pão, se não deixou em casa nem mesmo uma migalha?"

"Veja na amassadeira", disse serenamente Luquésio, "olhe bem, minha Buonadona!".

Ela destampou furiosa a amassadeira e ficou atordoada: estava cheia de pão branco.

Maravilhada e comovida, Buonadona caiu de joelhos aos pés do marido. Daquele dia em diante não foi mais necessário pedir a ela para fazer caridade.

Tendo conhecido a vida evangélica dos dois cônjuges, Francisco, então, expôs a eles o seu projeto. Luquésio e Buonadona aderiram a ele com grande alegria, e Francisco os abençoou em nome do Senhor. Os primeiros Terciários franciscanos se revestiram da mesma túnica cinza dos Frades Menores. Aquela era, afinal, a roupa usada por quase todos os pobres e camponeses daquele tempo.

A regra de vida que se impuseram era muito simples; as condições essenciais eram: pertencer à fé católica, renunciar a toda inimizade e restituir as coisas mal adquiridas. Algumas outras normas regulamentavam a vida de piedade. É fácil compreender a influência que os Terciários franciscanos tiveram numa época de ódios terríveis e intermináveis lutas políticas. O povo, sobre o qual pesava de modo especial o jugo dos poderosos e as consequências das discórdias partidárias, rapidamente quis abraçar uma instituição em que encontrava paz de alma e esperança de dias mais tranquilos.

Assim, chamando as famílias à vida cristã, Francisco renovava a sociedade inteira, inaugurando uma era de nova evangelização.

CAPÍTULO XX

O CORDEIRO DE OSIMO

As maravilhas da Criação eram uma contínua fonte de prazer para Francisco; em todo lugar e em todas as coisas ele adorava a Deus; esta foi, por outro lado, a raiz da futura "teologia franciscana". Seu desejo era que nunca fosse destruído aquilo que a mão de Deus havia criado, e quando via cortarem a lenha nos bosques, pedia que não cortassem a árvore inteira: "Deixem o suficiente para que brote novamente!", dizia.

As plantas e os campos lhe falavam da fecundidade divina e a beleza e a fragrância das flores o faziam pensar nas delícias do céu. Recolhia da terra os vermezinhos para que não fossem esmagados, providenciava durante o inverno o sustento das abelhas; considerava todo ser como um espelho do poder e da bondade de Deus. Por sua vez, as criaturas retribuíam-lhe igualmente o afeto.

Francisco preferia, sobretudo, os cordeiros. Eles lhe falavam da mansidão e da bondade de Jesus, e ao vê-los seu coração se derretia num impulso de amor por aquele que era chamado "Cordeiro de Deus". Um dia, Francisco caminhava para Osimo com frei Paulo, quando encontrou um pastor que pastoreava o seu rebanho de cabras e carneiros.

Um só cordeiro, em meio a eles, andava humilde e placidamente procurando o que comer. Francisco parou e ficou olhando: "Vê aquele cordeiro que segue tão mansamente entre o rebanho de cabras e carneiros?", disse ao seu companheiro. "É exatamente assim que nosso Senhor Jesus Cristo devia caminhar, digo-lhe, suave e humilde entre os fariseus e os sacerdotes. Peço-lhe, meu filho, por amor a ele, tenha também você compaixão desse pobre cordeiro. Vamos comprá-lo e levá-lo para longe dessas cabras."

Frei Paulo não questionou. Restava o problema concreto de como conseguir comprar aquele cordeiro sem ter dinheiro à disposição nem qualquer outra coisa de valor para permutá-lo. Aproximaram-se dissimuladamente do pastor, perguntando quanto custaria aquele cordeiro que – disse Francisco – "parece tão manso". O pastor, certamente um homem de coração generoso, intuiu que os dois frades desejavam aquele raro exemplar, e bom como era, sem muitos comentários, o deu de presente. Francisco e frei Paulo ficaram sem palavras. Compreenderam que no mundo ainda existia muita gente boa. Agradecendo a Deus, levaram o cordeirinho a Osimo e se apresentaram ao bispo da cidade. Inicialmente o bispo espantou-se ao ver diante de si os dois frades com o animal; mas Francisco contou-lhe uma parábola tão terna sobre o cordeirinho que ele ficou comovido e admirado. No dia seguinte, Francisco o deixou em um convento de irmãs; elas o acolheram com alegria e o guardaram como um dom do Senhor.

CAPÍTULO XXI

O DONO DO MONTE ALVERNE

A íntima ternura que lhe transbordava do coração não impedia que Francisco continuasse com energia e empenho a sua obra de pai e apóstolo. A família dos Frades Menores crescia: multiplicavam-se as comunidades franciscanas e alargavam-se as missões.

Malgrado as dificuldades de reunir regiões geralmente distantes e em número sempre maior, os seus frades permaneciam fiéis ao hábito de encontrarem-se todos os anos com ele. Juntos rezavam e louvavam o Senhor; entretinham-se conversando sobre como melhorar o seguimento à *Regra* e fixavam de comum acordo as respectivas províncias onde exercitar o apostolado.

A todos Francisco recomendava a oração e o recolhimento: "Não digam entre si palavras ociosas e inúteis. Lembrem-se de que, mesmo quando peregrinam pelo mundo, levam a sua cela consigo. A cela é o irmão corpo, enquanto a alma é o eremita que, escondido, reza ao Senhor". Recomendava a bondade e a misericórdia: "Façam com que aqueles que os escutam sejam levados a pensar no grande amor de Jesus pelas almas, e se quiserem anunciar eficazmente a paz, tenham-na aprofundada e enraizada no coração. Sejam humildes e mansos como nos ensinou Jesus, manso e humilde de coração!".

Depois, com amor paterno os abençoava um a um, e eles iam felizes pelo mundo, semeando em todo lugar a boa-notícia do Evangelho. Francisco desejava difundir as missões também fora da Itália. Eram, então, os tempos das cruzadas e mais tarde João de Brienne, irmão de Gualtiero, que havia organizado a expedição a Puglia, da qual tentara fazer Francisco participar, devia dirigir-se a Damieta, no Egito, liderando um grande exército cristão. Francisco, porém, desejava apenas conquistar as almas e sonhava partir para os países não cristãos sem outras armas além do Evangelho. A aprovação do Papa lhe parecia necessária a tal obra e, por isso, foi a Roma. Ele podia confirmar ao Pontífice que Deus havia multiplicado o número de seus frades e que, por isso, esperava dele favores e bênçãos maiores. Em Roma, conquistou outros filhos e foi lá que estreitou a amizade com aquela que, brincando, costumava chamar de "frei Jacoba", isto é, Jacoba de Settesoli, descendente de uma das mais nobres famílias romanas, mulher de alma viril e sólida virtude, que se esforçou sempre com grande amor pelo bem da Ordem.

Papa Inocêncio III não teve dificuldade em abençoar a obra de Francisco. Este tentou rapidamente embarcar para o Oriente, mas o tempo não foi favorável e depois de muitas peripécias desembarcou novamente na Itália com seu companheiro. Retornando à Úmbria, foi pregando de cidade em cidade; o seu sucesso foi tanto que em pouco tempo cerca de trinta pessoas, entre leigos e sacerdotes, pediram para ser admitidas entre os Frades Menores.

Uma das conversões mais célebres foi a de Guglielmo Divini, famoso poeta italiano, coroado de louros no Capitolino. Impelido pela curiosidade, ele fora com outros escutar Francisco; as suas palavras simples e inflamadas de caridade o conquistaram. Pareceu-lhe que aquele homem de Deus falava apenas a ele. Seu olhar o atingia direto no coração.

Ao final da pregação, Guglielmo foi ajoelhar-se aos seus pés: "Pai, leve-me para longe dos homens e me dê a Deus!".

Francisco o levou consigo e, quando o vestiu com a túnica cinza dos frades, chamou-o de frei Pacífico, porque fora chamado das lutas do mundo à paz de Deus.

Em uma bela manhã de maio, Francisco e seu companheiro chegaram ao castelo de Montefeltro, vizinho à República de San Marino. As bandeiras tremulando nas torres e o som estridente das trombetas anunciavam uma grande festa. Pajens e escudeiros em trajes de gala corriam sobre a ponte levadiça; passavam cavaleiros em magníficos cavalos ornamentados com tecidos riquíssimos. Em macias liteiras vinham conduzidas ao castelo damas e donzelas, vestidas esplendidamente e adornadas de joias cintilantes. Toda a nobreza da região havia sido convidada a um solene torneio. Francisco parou um instante observando o espetáculo.

"O que acha", perguntou ao seu companheiro, "de também irmos à festa? Quem sabe não conseguimos ganhar alguns bons cavaleiros para a causa de Deus?".

Foram. A festa era em honra de um jovem escudeiro que devia receber as armas de cavaleiro. Todos os convidados ouviram a Santa Missa, durante a qual o jovem fez o seu juramento. Logo depois, Francisco subiu em um degrau e falou; escolheu como tema dois versos:

"Tão grande é o bem que espero,
Que todo sofrimento me delicia."

Falou inicialmente dos sofrimentos que um cavaleiro deve estar pronto a suportar para conquistar uma bela dama: ele deve correr todos os perigos, arriscar mil vezes a própria vida por amor à dama de seu coração!

"Mas há outra e bem mais nobre *cavalaria*, à qual são chamados todos os homens!", disse Francisco, e começou a falar da luta que o homem combate para agradar a Deus e alcançar a felicidade eterna.

"Não é, talvez, o Criador da beleza ainda mais belo que todas as suas criaturas? Não dá ele um prêmio ainda maior do que todos os bens da terra?"

Mais de um jovem coração comoveu-se. Orlando Cattani aproximou-se de Francisco e disse-lhe: "Pai, gostaria de falar com o senhor da saúde da minha alma".

Mas Francisco não tinha pressa: "Vai primeiro com os seus amigos ao banquete. Depois venha falar comigo".

O jovem retornou e falou longamente com ele. Concluindo o colóquio, ofereceu-lhe um monte chamado "Alverne", que possuía na Toscana.

"Acho que o senhor e os seus frades ficarão bem ali, em paz e em recolhimento. Eu o presenteio de boa vontade, pelo bem de minha alma."

Francisco agradeceu, feliz pela oferta: "Senhor conde, quando voltar a sua casa, enviarei dois companheiros meus; o senhor lhes mostrará o monte e, se for adequado à oração e à meditação, o aceitaremos de boa vontade".

Francisco pensava em enviar outros porque queria partir novamente. Não havia conseguido chegar à Terra Santa; queria chegar ao Marrocos, para anunciar o Evangelho. Mas também desta vez não conseguiu alcançar a meta. Ao chegar à Espanha, precisou voltar.

CAPÍTULO XXII

"QUERO ENVIAR TODOS VOCÊS AO PARAÍSO"

Perto do fim de julho de 1216, uma noite Francisco vigiava e rezava na sua pequena cela na Porciúncula. Pensava nos pobres pecadores e implorava a Deus que tivesse piedade. Um impulso o levou a ir à igrejinha. Lá, sobre o altar, envoltos em uma luz celestial, Maria e o seu Divino Filho apareceram a Francisco, circundados por um exército de anjos.

Tomado de sagrado temor e ao mesmo tempo transportado por uma alegria inefável, Francisco se prostrou com o rosto ao chão. "Francisco", disse-lhe Jesus, "você e os seus irmãos trabalharam muito pela salvação das almas. O que querem que eu faça por vocês?".

"Oh, Senhor", respondeu Francisco, "eu sou apenas um pobre pecador. Mas porque tu és tão bom comigo, eu te suplico conceder o teu perdão a todos os fiéis que, arrependidos das suas culpas, venham rezar nesta igreja".

Jesus concedeu ao seu fiel servidor a graça pedida. No dia seguinte, Francisco se pôs a viajar pela Perúgia, acompanhado de frei Masseo, porque o novo Pontífice Honório III lá se encontrava e ele queria que a promessa de

Cristo fosse ratificada pelo seu vigário na terra. Privilégio similar era concedido apenas em ocasiões como o Jubileu ou pelas cruzadas, mas ele estava cheio de confiança: "Se for a vontade de Deus, o Santo Padre não se oporá", pensava em seu coração.

Introduzido à presença do Papa, Francisco expôs o seu desejo com simplicidade: "Santo Padre, se o permitis, gostaria que todos os que visitarem a minha igrejinha, arrependidos dos seus pecados, depois de confessados e absolvidos, obtenham o perdão total de toda culpa e de todo castigo neste e no outro mundo".

"Mas não sabe que este é um favor grande demais?", respondeu o Papa. "A Santa Sé nunca concedeu similar indulgência!"

Francisco não perdeu o ânimo: "Senhor Papa, eu não peço esta graça para mim. Eu a peço em nome de Jesus Cristo", e contou ao Sumo Pontífice a visão que tivera. Então, Honório III aquiesceu. Alguns cardeais que haviam assistido ao colóquio objetaram que tal privilégio poderia diminuir o valor das indulgências das cruzadas.

"O favor já foi concedido", respondeu o Papa, "mas o limitaremos a uma só data". E, fazendo com que Francisco se aproximasse, disse: "Concedemos, portanto, que todo aquele que entrar na igreja da Porciúncula, em determinado dia do ano, das vésperas da vigília às vésperas do próprio dia, arrependido e depois de confessar os seus pecados, será absolvido de todo castigo e de toda culpa".

Radiante de alegria, Francisco já estava pronto para ir embora: "Espere, filho", disse o Papa, "qual testemunho leva consigo de tão grande favor?".

"Santo Padre", respondeu Francisco, "Deus revelará sua obra!".

E foi assim que, apenas dois anos depois desse acontecimento, foi fixada a data do "Perdão de Assis". Em uma noite de inverno, Francisco foi terrivelmente tentado em sua pequena cela na Porciúncula. Percebendo que a força da resistência diminuía, ele tirou sua túnica, saiu e se deitou entre a neve e os espinhos. "Melhor sofrer qualquer tormento com Jesus que ceder ao mal", pensou. Era esse o modo meio louco de agir do Pobrezinho. Provavelmente aquela tentação passou mais pelo efeito de ter se deitado sobre a nua – e gelada – neve do que por outros motivos. Francisco, na verdade, queria permanecer livre, "sem correntes": livre também das correntes de si mesmo e daquelas que nosso corpo às vezes gostaria erroneamente de poder dispor. Além da neve gelada, houve, porém, outro detalhe que marcou a memória de Francisco: entre os espinhos pareceu entrever alguns botões de rosa, talvez testemunhando que a tentação não pode ter a última palavra sobre nós. E que Deus, sempre e de todas as maneiras, nos perdoa. Foi justamente nessa ocasião, não por acaso, que Francisco resolveu fixar em 2 de agosto a festa do "Perdão de Assis". Na noite entre 1 e 2 de agosto, de fato, as correntes de Pedro, aprisionado pelos judeus, foram destruídas por um anjo.

Francisco foi de novo ao encontro do Pontífice, desta vez no palácio de Latrão, em Roma, e juntos estabeleceram o dia 2 de agosto como data definitiva da indulgência. O Papa ordenou aos bispos da Úmbria que a proclamassem solenemente ao povo.

Foi então que Francisco, pronunciando um breve discurso, disse à multidão que se aglomerava ao seu redor as célebres palavras: "Quero enviar todos vocês ao Paraíso!".

CAPÍTULO XXIII

OS PRIMEIROS FRADES MÁRTIRES

Em 14 de maio de 1217, os Frades Menores tiveram na Porciúncula o costumeiro "Capítulo de Pentecostes". O movimento suscitado por Francisco ganhava terreno todos os dias e homens de todas as classes vinham a ele pedindo-lhe para entrar e fazer parte de sua Ordem.

Governar milhares de pessoas não era simples como havia sido guiar a primitiva pequena família dos Penitentes de Assis. A *Regra*, então escrita em poucas palavras, não mais bastava para manter unido e conciliado um número tão grande de pessoas de idade, cultura, atitudes e hábitos diferentes. Além disso, Francisco duvidava da sua capacidade. "Você é mesquinho e ignorante", dizia a si mesmo, "o que fazem os frades com um Superior tão simples e de pouco valor?".

Especialmente nos últimos tempos, homens doutos e literatos haviam se juntado à Ordem. Todavia, Francisco continuou a pregar da maneira costumeira e, contrariamente ao que temia, todos o escutavam com satisfação e edificação.

Foi naquele Capítulo que, além das missões fora da Itália, na Alemanha, na Hungria, na França e na Espanha, foi decidida uma expedição à Terra Santa. Para liderá-la foi designado um homem em quem Francisco confiava muito: frei Elias Bombarone. O próprio Francisco tomou o caminho da França passando por Florença, onde visitou o cardeal Ugolino. Esse havia sido enviado à Toscana por Honório III como legado papal, para promover a paz às repúblicas eternamente em guerra entre si e pregar uma cruzada. Ele já conhecia Francisco e o recebeu com grande cordialidade. Francisco lhe abriu o coração e rogou-lhe que tomasse conta dele e de sua Ordem. O antigo protetor dos Frades Menores, o cardeal de São Paulo, havia morrido. O cardeal Ugolino tomou de bom grado o seu lugar. Mas o primeiro conselho que deu a Francisco foi de renunciar à missão na França: "Frei Francisco, não gostaria que você fosse além dos Alpes. Eu e os outros cardeais que lhe queremos bem o ajudaremos e protegeremos melhor se não se afastar demais".

Francisco objetou que não podia enviar os frades em missões perigosas e distantes ficando ele mesmo em casa, em segurança. O cardeal, todavia, foi irredutível. Para a França, com muitos outros, foi enviado o "rei dos versos", frei Pacífico. Francisco, ajudado por Ugolino, absorveu-se no trabalho de reorganizar de maneira definitiva a sua fraternidade. Desta vez, as missões, especialmente fora da Itália, não tiveram feliz êxito. Na França, os Frades Menores foram presos e maltratados por albigenses; na Hungria tiveram de suportar vexames e maus-tratos sem fim. Estas notícias entristeciam Francisco terrivelmente.

Uma noite, ele sonhou com uma pequena galinha preta rodeada de muitos pintinhos piando. Ela abria as asas para protegê-los, mas, por mais que tentasse, não conseguia cobrir mais que uma pequena parte deles. "Eu sou como essa galinha", disse a si mesmo ao despertar. "Também eu sou pequeno e não tenho condições de cuidar dos meus filhos!"

Ugolino o persuadiu a ficar com ele em Roma para pedir uma audiência com o Papa. Fez com que ele decorasse um belo discurso, mas, quando ficou diante do Pontífice, Francisco percebeu que não se lembrava de nem mesmo uma sílaba. Mas não perdeu o ânimo. Ajoelhou-se e pediu a bênção ao Santo Padre. Depois começou a falar e, pouco a pouco, foi transportado por seu próprio entusiasmo, a ponto de comover todos os presentes. Assim, quando pediu que o cardeal Ugolino fosse o patrono de sua Ordem, o Papa logo assentiu.

Durante aquela estada em Roma, Francisco conheceu São Domingos. Foi o cardeal Ugolino que aproximou os dois. O frade espanhol foi tomado de viva admiração pelo pequeno frade de Assis e quis que fundassem juntos as suas respectivas Ordens, mas Francisco não concordou. Domingos quis, ao menos, como lembrança, a corda que o outro levava na cintura.

Em 1218, Ugolino presenciou pela primeira vez o Capítulo de Pentecostes. Ele desceu do cavalo, depôs suas magníficas vestes e, de pés descalços, vestindo a simples túnica franciscana, entrou na Porciúncula seguido pelos frades em solene procissão. Durante esse mesmo Capítulo, Ugolino também quis lavar os pés de alguns pobres, como faziam os frades.

Domingos quis unir-se ao séquito do cardeal para encontrar-se com Francisco. O que viu na Porciúncula o comoveu profundamente. Em meio a tamanha multidão, não ouviu nenhuma fofoca, nem uma palavra descortês. Sempre que um grupo de frades se reunia era para falar sobre as coisas de Deus ou chorar os próprios pecados. O leito deles era a terra nua ou, quando muito, um pouco de palha. Francisco havia dito: "Nenhum de vocês se preocupe em comer, beber ou com qualquer outra necessidade do corpo. Rezem e louvem a Deus. Deixem a ele toda solicitude porque ele cuidará de vocês". E o Senhor demonstrou sensivelmente o quanto amava os seus servos, pois inspirou os habitantes das cidades vizinhas a levar alimentos e mantimentos em tal quantidade que não faltou nada a ninguém. Quem mais conseguia levar coisas aos frades, mais se considerava bem-aventurado.

Depois desse Capítulo, o cardeal Ugolino achou que seria melhor facilitar a vida dos frades que partiam em missão para fora da Itália, enviando cartas de recomendação às regiões aonde deviam ir, nas quais declarava que eram protegidos do Sumo Pontífice e que podiam pregar livremente.

Uma segunda expedição ao Marrocos foi organizada em 1219. Cinco jovens frades partiram, abençoados com particular ternura por seu Pai. "Tenham sempre diante dos olhos a paixão de Cristo", disse Francisco ao dispensá-los. "Isso os fortalecerá e os animará a sofrer por ele." Eles chegaram ao Marrocos onde, logo depois, foram mortos após serem barbaramente martirizados pelos infiéis. Foram os primeiros mártires franciscanos. No mesmo ano,

Francisco, esperando conquistar por sua vez a palma do martírio, conseguiu partir para a Terra Santa em companhia de seu velho amigo Pedro Cattani. "Os frades devem pensar que oferecem a si mesmos a nosso Senhor Jesus Cristo e, por amor a ele, não devem ceder aos inimigos visíveis nem aos invisíveis."

Foi com esses sentimentos que eles enfrentaram as dificuldades da nova missão. Muitos eram os frades que queriam embarcar, mas em Ancona os marinheiros se recusaram a levar todos a bordo. Que fazer? "Falta-me coragem de escolher entre vocês!", disse Francisco aos seus filhos, reunidos ao seu redor. "Vamos tentar descobrir a vontade de Deus", e chamou um menino que brincava ali perto: foi ele que designou os onze que deviam partir.

Chegaram inicialmente ao Egito, onde os cruzados assediavam Damieta. Francisco logo encontrou o meio de exercitar a sua obra pacífica junto ao exército cristão. Ele desejava chegar ao Sultão e tentou aproximar-se do acampamento inimigo. A acolhida que recebeu certamente não foi boa; mas conseguiu fazer com que ele e um companheiro fossem conduzidos ao soberano. Este o ouviu com respeito e, ao despedir-se do audaz evangelizador, disse-lhe: "Reze por mim, para que Deus me revele qual é a verdadeira fé". Concedeu-lhe, além disso, a permissão de falar livremente de Jesus Cristo em todo o Oriente sarraceno. Francisco conseguiu, então, passar para a Terra Santa. Os biógrafos não contam nada de sua peregrinação; todavia, é fácil imaginar a emoção com que ele visitou os locais abençoados pela presença de Jesus: Belém, Nazaré e finalmente Jerusalém, o Horto do Getsêmani e o Calvário.

Mas a sua peregrinação foi bruscamente interrompida. Chegara da Itália um mensageiro trazendo notícias nada felizes. Durante a ausência de Francisco, os dois vigários nomeados por ele e os frades anciãos haviam tentado introduzir mudanças na Ordem. Francisco, com Pedro Cattani e outros frades, embarcaram logo de volta à Itália.

CAPÍTULO XXIV

A *REGRA* DOS FRADES MENORES

Logo que chegou à Itália, Francisco foi ao encontro de Ugolino e, depois, convocou o Capítulo da Ordem na Porciúncula para o Pentecostes de 1221. Os últimos acontecimentos mais que nunca o haviam convencido de que era preciso reorganizar a Ordem, mas, antes de empreender a difícil obra, teve a consolação de reencontrar-se com seus filhos em uma reunião tão numerosa como nunca se vira antes.

Sabendo que Francisco havia voltado, todos os frades acorreram em grandes grupos: dos mais velhos aos noviços, todos queriam ver o Mestre, ouvir suas palavras e receber a sua bênção.

O Capítulo de Pentecostes de 1221 ficou famoso na história franciscana; foi chamado de "Capítulo das Esteiras", porque os participantes, que eram cerca de cinco mil, foram obrigados a acampar a céu aberto, sob cabanas feitas com ramos ou esteiras. Não podendo ir pessoalmente, Ugolino enviou outro cardeal, Ranieri Cappoccio de Viterbo, que foi acompanhado de alguns bispos. Depois da Santa Missa, Francisco falou aos frades com a costumeira simplicidade, depois se dirigiu a todo o povo, suscitando, como sempre, grande comoção.

Também desta vez, a Providência divina velou sobre seus servos. Os mantimentos levados pela população do entorno foram tantos que, apesar de o Capítulo durar oito dias, os frades levaram dois dias a mais para consumir todos os bens de Deus que haviam acumulado.

Antes da separação foi decidida uma segunda expedição para a Alemanha, que desta vez teve pleno sucesso. Com os frades vindos de Messina estava um jovem relativamente novo na Ordem. Ninguém sabia nada sobre ele. Havia chegado de Portugal e se chamava Antônio. No momento de partir, ele se aproximou do Provincial da Romanha, frei Graciano, pedindo-lhe humildemente que o levasse consigo: "Você é padre?", perguntou o Superior.

"Sim."

A essa resposta, Graciano assentiu, já que sua província estava carente de sacerdotes. Ao chegar na Romanha com seu novo superior, Antônio pediu para retirar-se em uma ermida vizinha a Forlì. Mas depois de algum tempo precisou abandonar a vida solitária de oração e penitência que levava. Tornou-se, então, aquele grande pregador que despertou o entusiasmo popular e que, após sua morte, foi canonizado pela Igreja com o nome de Santo Antônio de Pádua. O santo por antonomásia.

Desde o fim do outono de 1220, logo ao chegar da Terra Santa, Francisco não queria mais manter o encargo de Superior da Ordem. Seu lugar foi ocupado por frei Elias. Mas o afeto e a veneração que os frades tinham por Francisco não diminuíram.

No Capítulo das Esteiras, toda decisão era subordinada a ele. Depois do fim de maio de 1221, Francisco, ora na Porciúncula, ora nos Cárceres, ermida escondida em uma fenda do monte Subásio, onde os Frades Menores amavam recolher-se para rezar, pôs-se a escrever a nova *Regra*. Era auxiliado por frei Cesário de Espira, primeiro alemão a entrar na Ordem, homem sábio e de espírito prático.

A primeira *Regra* que Francisco havia dado aos seus irmãos em Rivotorto foi chamada por ele mesmo de *Forma Sancti Evangelii*, porque era composta, em grande parte, justamente de frases tiradas do Evangelho. "Observar o Evangelho", eis o que Francisco queria. Com o passar do tempo, a esse primeiro documento juntaram-se outras *Admoestações*. Eram prescrições e conselhos que, de forma paternal, Francisco havia escrito para a sua crescente família. Recomendava o amor de Deus e a reverência ao sacramento do altar, a abnegação da vontade, a obediência, a paciência, a pobreza, a paz e a pureza de coração, a serenidade da aparência. Com esse material, Francisco e Cesário de Espira prepararam a primeira e verdadeira *Regra* dos Frades Menores, que terminaram de escrever em setembro de 1221.

CAPÍTULO XXV

O PRESÉPIO DE GRECCIO

Em novembro de 1223, Francisco se encontrava em Roma, aguardando que sua *Regra* fosse aprovada pelo Papa Honório. Naquele mesmo ano, quis celebrar a grande festa cristã do Natal de modo solene, como ninguém antes vira.

Ao chegar a Greccio, localizada na região italiana do Lácio, província de Rieti, mandou chamar seu amigo e benfeitor João de Vellita. Este já havia doado aos frades, a fim de que ali se estabelecessem, um monte coberto de bosques chamado "Fontecolombo". Francisco lhe disse: "Gostaria de festejar o Santo Natal com você. Perto da ermida há uma gruta; ali deve ser montada uma estrebaria com uma manjedoura cheia de feno. Será necessário que haja, como em Belém, um boi e um burro. Quero celebrar ao menos uma vez de forma verídica a vinda de Jesus à terra e ver com os meus próprios olhos como ele quis fazer-se pobre e miserável por amor a nós".

João de Vellita providenciou tudo. Na vigília de Natal chegaram os frades de Fontecolombo e os habitantes de toda a região. Todos carregavam tochas acesas. Ao redor da manjedoura estavam os frades com suas velas. E, na escuridão do vale, o bosque parecia iluminado como em pleno dia. O presépio serviu de altar e ali foi celebrada a Santa Missa. O Menino Jesus parecia presente, sob as espécies de pão e vinho, como havia estado presente em Belém. João de Vellita parecia vê-lo vivo e verdadeiro, dormindo aninhado na manjedoura, até que Francisco se aproximou. O Menino-Deus, despertando, teria então acariciado as bochechas barbadas dele. João não se espantou: em quantos corações Jesus estava morto ou ao menos dormindo! E eis que Francisco, com seu amor, o acordara.

Depois do último Evangelho, Francisco, vestido de diácono, avançou e dominado de alegria e plenitude, ao lado do presépio, falou de Jesus. Toda vez que mencionava o Menino de Belém, o fogo do amor o inflamava. A noite passou num instante e todos voltaram para casa com a alma exultante, como os pastores que na Sagrada Noite viram o Salvador.

Segunda parte

A mensagem

CAPÍTULO XXVI

POBRES PARA SEREM LIVRES

Ao chegarmos neste ponto, depois de esboçar em traços largos a vida do Pobrezinho de Assis, podemos agora delinear também sua mensagem. E o faremos observando os últimos dias de sua existência terrena, antes do encontro com a "irmã morte", quando melhor sobressai o testamento que ele nos deixou.

Retornando de Roma, Francisco permaneceu quase continuamente no vale de Rieti. Sua saúde, de fato, não andava bem. Desgastado pelos jejuns, pelas dificuldades e pelos cansaços a que frequentemente se submetia, o seu "irmão corpo" se enfraquecera muito. Durante a estadia no Oriente, havia, além disso, contraído o chamado "mal dos olhos egípcio" que, em alguns momentos, o fazia sentir-se quase cego. E mesmo nessas condições, demonstrou luminosamente aos seus filhos que o caminho pelo qual os queria conduzir não era inacessível. "Os Frades Menores pregam através do exemplo", havia escrito na *Regra*. Assim ele fizera na própria vida.

Quando precisava dar um pouco mais de atenção a si mesmo, em virtude de seus problemas de saúde, não tinha paz até que todos o soubessem. "Vocês vieram aqui porque pensavam em mim como um homem devoto e temente a Deus", disse em sua pregação de Natal de 1224 ao povo que acorrera para ouvi-lo, "mas não sabem que eu nem mesmo segui o jejum do Advento".

Outra vez, sempre por causa de sua doença, deixara-se persuadir a costurar na parte de dentro de sua túnica um forro de pele que mantivesse aquecida a sua barriga. "Então costurem um pedaço também do lado de fora, assim todos verão que eu me cubro de pele", disse Francisco.

Sobretudo, mantinha a pobreza. "É bom pedir esmolas", dizia, "mas também é bom aceitá-las!". Chamava de "pão dos Anjos" o pão obtido mendigando. Por isso, o frade que retornava das suas atividades devia vir cantando. Certa vez, quando um frade lhe disse: "Venho pela sua cela", Francisco não quis mais saber de entrar nela. Amava ficar nas grutas, como as raposas do Evangelho, e se tinha necessidade de uma veste nova, esperava que lhe fosse doada por caridade. "Devemos envergonharmo-nos", dizia, quando passava ao lado de um mendigo mal coberto de trapos. "Somos famosos no mundo pela nossa pobreza e eis aqui um homem bem mais pobre que nós. E ninguém o louva por isso!"

A um verdadeiro pobre dava, de boa vontade, tudo que possuía: o capuz, um pedaço da túnica e até as calças. "Tudo isso lhe pertence por direito, eu seria um ladrão se tirasse o que é seu!", dizia.

A sua expressão habitual em tais casos era: "Queremos restituir ao nosso pobre irmão aquilo que ele nos emprestou". Assim, acontecia com bastante frequência que um frade fosse obrigado a ceder a Francisco uma parte de seu vestuário para que ele não ficasse nu.

Até mesmo o cuidado que lhe era dirigido por causa de sua doença acabava sendo causa de tormento. Uma noite, sofrendo mais do que de costume, os frades o fizeram aceitar um travesseiro sobre o qual pousar a cabeça. Na manhã seguinte, Francisco disse: "Irmãos, não lhes escondo que custei um pouco a dormir por causa desse travesseiro. Vocês sabem que não estou acostumado e certamente me entendem. O que acham de darmos de presente a algum pobre que talvez tenha necessidade dele?". Evidentemente, Francisco previra que o novo "hábito" poderia revelar-se para ele uma tentação, por mais paradoxal que isso possa parecer. Mas ele era muito franco. Por isso, contra cada tentação, aconselhava sempre três remédios: a obediência, a oração e a alegria evangélica.

"Nós devemos exultar e alegrarmo-nos no Senhor", dizia. E não queria ver rostos tristes nem aspectos sombrios: os seus frades deviam ser os felizes filhos da luz.

"Mas como é possível, pai, ser sempre alegre?", perguntavam-lhe os frades.

"Da pureza do coração e da assiduidade na oração deriva a alegria espiritual", respondia Francisco; e acrescentava que é o pecado que apaga a alegria do coração. Realmente, como prêmio por sua perfeita renúncia, Francisco recebera de Deus o dom da paz e da felicidade interior; havia momentos em que toda sua alma parecia dissolver-se num canto.

CAPÍTULO XXVII

NÃO HÁ VIDA SEM ORAÇÃO

No verão de 1224, as condições de saúde de Francisco pareciam melhorar e ele quis subir o monte Alverne para festejar a festa da Assunção da Virgem Maria com alguns companheiros. Desde que o Conde Orlando o doara à Ordem, alguns frades ali se haviam estabelecido. Durante a viagem, Francisco sentiu de novo diminuir-lhe as forças e os seus irmãos precisaram entrar em uma fazenda para alugar uma mula. Quando o camponês soube a quem devia servir o seu animal, quis conduzi-lo ele mesmo: "É você aquele frei Francisco de quem todos falam?", perguntou-lhe. Tendo recebido a resposta afirmativa, acrescentou: "Procure, então, ser realmente tão bom como dizem! Porque não são poucos os que confiam em você".

Profundamente comovido, Francisco se ajoelhou para beijar os pés do camponês e agradecê-lo pela advertência. Este quis segui-lo pelo difícil caminho da montanha, mas, depois de ter caminhado um longo tempo, sentiu-se exausto e sedento: "Tenha piedade de mim, frei Francisco", disse quase desistindo, "se não encontrar um pouco de água que me restaure as forças, acho que vou morrer".

Sempre compassivo por todo sofrimento, Francisco desceu da mula e se ajoelhou, rezando: "Apresse-se", disse, enfim, ao camponês. "Vá até aquela rocha e ali encontrará a água que Jesus misericordioso fez brotar da pedra para você."

No local indicado por Francisco jorrava, de fato, da rocha duríssima, uma água límpida e fresca. Até então, naquele lugar, ninguém nunca havia visto antes um curso d'água, nem, por mais que procurasse, alguém o encontrou depois.

Francisco, com seus companheiros, alcançou a base do monte Alverne. Os frades pararam para repousar à sombra de um carvalho, e então uma grande quantidade de aves apareceu, de todas as partes, batendo as asas e cantando como se os quisessem saudar. Algumas pousaram sobre as mãos, barriga, ombros e sobre a cabeça de Francisco. "Acho, caros irmãos", disse ele, maravilhado, "que o Senhor gosta que habitemos aqui embaixo. Veem quanta alegria nos demonstram as nossas irmãs aves?".

No dia seguinte, o Conde Orlando veio pessoalmente encontrar Francisco, levando para ele e para os seus companheiros uma grande quantidade de mantimentos. Francisco pediu que lhe fizesse uma pequena cela ao pé de uma belíssima faia, pouco distante da comunidade dos frades. "Parece-me um lugar feito para a oração e o recolhimento", disse. E depois acrescentou: "Eu vejo que a morte se aproxima e pretendo passar esse tempo em solidão para recolher-me com Deus. Frei Leão, quando vier, trará para mim um pouco de pão e água". Deu sua bênção a todos e se retirou para a pequena cela ao lado da grande faia. Recolhido em solidão, ele alçava sempre mais ardentemente a Deus o seu espírito. O pensamento da grande família a quem o seu amor não bastava não o deixava nunca: "Senhor, a família que vós me destes, recomendo-a a vós: eu não posso mais conduzi-la".

Sentia-se pai de cada um dos seus filhos e desejava poder fazer ainda alguma coisa por eles. Recorreu, como sempre, ao Evangelho. Pediu a frei Leão que o abrisse três vezes, ao acaso. E por três vezes Leão encontrou sob os olhos a narrativa da Paixão de Jesus. Francisco compreendeu. Restava-lhe o caminho do Calvário: sofrer até o fim. Entregou-se confiante à vontade de Deus. Na noite seguinte, pareceu-lhe que um Anjo estivesse diante de seu leito com um arco e um violino em mãos: "Ouça, Francisco", disse, "ouça a melodia do Reino dos Céus".

Uma só vez o arco passou sobre as cordas. "Se o Anjo tivesse tocado mais", contou Francisco aos companheiros na manhã seguinte, "a minha alma teria saído do corpo por intolerável doçura!"

CAPÍTULO XXVIII

UNIDO A JESUS DE CORPO E ALMA

Depois da festa da Assunção, Francisco quis retirar-se em solidão ainda maior. O local escolhido se encontrava do outro lado de um profundo abismo. Um tronco de árvore servia de ponte. Frei Leão devia ir até ele duas vezes por dia: de dia, para levar-lhe pão e água, de noite, para recitar com Francisco as Matinas. Mas antes que Leão atravessasse a escuridão, uma criatura do bom Deus costumava despertar Francisco com o seu canto. Era um falcão que, tendo um ninho naquele local, havia estreitado amizade com ele. Acordava-o com precaução, procurando tirá-lo docemente do sono. Quando Francisco parecia sofrer mais, o falcão costumava ter compaixão e adiava o sinal de despertar; apenas quando achava que o repouso lhe houvesse restaurado um pouco as forças, emanava seu cantar de maneira suave. Uma noite de setembro, luminosa e fresca, frei Leão estava no começo da ponte que atravessava a ravina. Como sempre, ele havia gritado a saudação combinada: "Senhor, abri meus lábios!". Nenhuma resposta.

"Se eu não responder, volte para trás", havia ordenado Francisco. Mas Leão não conseguia decidir-se a obedecer; hesitou um momento, depois atravessou a ponte e entrou no bosque.

Francisco estava de joelhos e rezava com os braços estendidos em cruz. Leão parou à sombra de uma faia.

"Meu dulcíssimo Senhor", implorava Francisco, "quem és tu? E quem sou eu, verme desprezível, servo inútil?".

Repetia, uma depois da outra, as mesmas palavras. Até que Leão, inadvertidamente, fez estalar um galho. Francisco levantou-se e se aproximou da árvore.

"Quem é?"

"Sou eu, Leão", respondeu o frade, tremendo.

"Por que veio aqui, frei Ovelhinha? Por que não me obedeceu?"

Ajoelhando-se aos seus pés, cheio de reverência filial, frei Leão disse humildemente: "Pai, eu lhe peço, explique-me o que dizia!".

"Ó, frei Ovelhinha de Jesus", respondeu Francisco, "enquanto eu dizia aquelas palavras foram mostradas à minha alma duas chamas. Em uma delas reconheci o meu Criador, na outra, eu mesmo. Vi a abissal bondade de Deus e a profundidade de minha covardia e miséria. Agora vá, Ovelhinha de Deus, não volte mais a me observar; volte para a sua cela com a bênção do Senhor".

Passavam os dias. Era o dia da Exaltação da Santa Cruz: 14 de setembro.

Desde o momento da conversão, a Cruz e o Crucificado haviam sido sempre objetos da veneração de Francisco.

Já há algum tempo o seu pensamento não se desviava da Paixão de Jesus. Ajoelhado diante de sua cela, enquanto aguardava o alvorecer com a face virada para o Oriente, Francisco rezava.

"Jesus, concede-me ainda duas graças, antes que eu morra. Faze que eu sinta no meu corpo as dores amaríssimas da tua paixão e faze que eu sinta no meu coração o teu imenso amor pela humanidade."

Pelo amor e pela compaixão que sentia na meditação constante da cruz, já se havia transformado inteiramente em Jesus. Da transformação interior à exterior, é breve o passo: basta apenas que Deus queira. E Deus, excepcionalmente, o quer.

Durante a noite, o topo do Alverne iluminou-se. O brilho era tão intenso que, enquanto aterrorizava os pastores na região, aos distantes parecia o nascer do sol. Francisco, absorto em oração, avistou a figura de um Serafim de asas radiantes descendo velozmente do céu. Era o Redentor, com a expressão transfigurada do Tabor e do Calvário, que o encarava amorosamente. Alegria e tristeza se alternavam no santo. Alegria pela visão de seu Deus, tristeza por vê-lo martirizado. Uma chama atravessou sua carne com uma sensação de sofrimento jamais sentido. Ao despertar, as chagas de Cristo queimavam nele. Mãos e pés tinham se transformado enquanto o torso parecia rasgado por uma ferida. Era realmente o último sinal, o toque final que coroava um lento e gradual processo de absorção – se assim se pode dizer – da personalidade de Francisco à do Senhor. Francisco, primeiro homem na história a receber os estigmas de Jesus crucificado.

CAPÍTULO XIX

SIGNIFICADO DO TAU FRANCISCANO

Foi Leão o primeiro a perceber o que havia acontecido, apesar dos esforços de Francisco para esconder. Mas as chagas lhe provocavam dores tão fortes que com frequência precisava recorrer à ajuda do bom "frei Ovelhinha". Para poder mexer as mãos e os pés precisava enfaixar as partes proeminentes dos pregos. Leão trocava estas faixas todos os dias, com exceção da noite de quinta até sábado, porque durante a sexta-feira Francisco queria sofrer com Jesus.

Uma doce e perene alegria permanecia no coração do santo: toda preocupação, toda tristeza haviam desaparecido. Ele vivia acima das coisas deste mundo; para Leão, parecia até mesmo vê-lo pairar sobre a terra, e com frequência se abaixava para beijar o pó que os pés dele haviam pisado. Todavia, não era sem uma secreta inquietude que o "frei Ovelhinha" admirava aquele esplendor de Deus; parecia-lhe que Francisco já vivesse em regiões onde ele não podia mais segui-lo, que alguma coisa se tivesse quebrado na ligação de ternura que os havia unido. Francisco adivinhou o que se passava na alma de seu fiel amigo. Logo depois do milagre, havia escrito, pleno de alegria, laudes a Deus como hino de agradecimento. Agora, fez com que lhe trouxesse um pergaminho e nele escreveu; depois, no verso, imprimiu em grandes letras a bênção dos patriarcas do Antigo Testamento: "O Senhor te abençoe e te guarde. O Senhor faça brilhar sobre ti sua face, e se compadeça de ti. O Senhor volte para ti o seu rosto e te dê a paz" (Nm 6,24-26).

E acrescentou embaixo: "O Senhor abençoe frei Leão". Assinou com o sinal da cruz do Antigo Testamento: a letra "T" grafada sobre um crânio no Gólgota, símbolo da morte vencida por Cristo. Seria esse o famoso "tau" que muitos jovens hoje em dia levam no pescoço. "Pegue", disse Francisco ao seu fiel companheiro, "leve consigo até o dia da sua morte". E frei Leão sentiu esvanecer toda a tristeza. Com lágrimas nos olhos, tomou o pergaminho e, enquanto viveu, levou-o junto ao coração.

No dia 30 de setembro, Francisco deixou o monte Alverne. O conde Orlando lhe havia enviado uma mula para a descida. Ele despediu-se dos frades que restavam: "Vivam em paz, meus queridos filhos! Adeus! Adeus! Adeus a todos! Parto com o meu corpo, mas lhes deixo o meu coração. Adeus, monte sagrado, adeus caríssimo irmão falcão que costumava acordar-me com o seu canto; agradeço a sua gentileza! Adeus grande pedra sob a qual eu costumava rezar; nunca, nunca mais voltarei a vê-la!".

Os frades choravam. Ao chegar em cima do monte Casella, de onde podia ver o Alverne pela última vez, Francisco parou e se pôs de joelhos. Olhando o monte privilegiado, fez o sinal da cruz e pronunciou um último adeus: "Adeus, monte do Senhor! Deus Pai, Deus Filho, Deus Espírito Santo o abençoem. Eu não voltarei mais a vê-lo!".

Desceu o monte Casella tão absorto em si mesmo que atravessou Sansepolcro sem se aperceber. Fora da cidade, perguntou a frei Leão se chegariam logo; aquela viagem de retorno fora triunfal. O povo ia ao seu encontro com ramos de oliveira: "Eis o santo! Eis o santo!", e vários milagres pareciam confirmar a voz unânime. Quando chegou finalmente à Porciúncula, já era metade de novembro.

Francisco ficou pouco tempo. Estava melhor, sentia-se tomado pelo entusiasmo da juventude. Sempre cavalgando uma mula, conseguia às vezes visitar quatro ou cinco casas em um dia e pregava por onde andava. Mas o bem-estar durou pouco: foi como o tremular do lume que está para apagar-se. Frei Elias, que permaneceu algum tempo com ele em Foligno, insistiu para que fosse a um médico, ainda que os cuidados e os remédios pouco lhe servissem. Ele mesmo advertira certa vez um frade enfermo de não se preocupar muito com a cura: "Agradeça a Deus por tudo e não deseje estar melhor do que quer o Senhor". Em vez de procurar um médico, foi em busca da solidão e recolheu-se em São Damião.

CAPÍTULO XXX

TODA A CRIAÇÃO LOUVA O SENHOR

Era o verão de 1225. Perto do mosteiro, irmã Clara havia feito construir uma pequena cela de palha e Francisco ali se estabeleceu. A luz deslumbrante do sol lhe fazia mal aos olhos. Por algum tempo ficou quase cego. As dores que sofria pelos estigmas, intensificados pelo calor, eram atrozes. Todavia, vivia sereno na doce intimidade dos poucos companheiros que o rodeavam, admirando as maravilhosas virtudes praticadas por Clara e suas irmãs, rodeado de seus cuidados atenciosos e alegrado pelos cantos.

Mal conseguia entrever a paisagem que lhe era tão querida e os lugares da sua juventude, mas a calma da natureza fulgurante do verão o penetrava com sua ternura e ele repousava em uma contemplação que se fundia em um louvor ininterrupto ao Criador. Toda criatura era, para ele, uma palavra do Senhor. Uma flor no frescor da manhã ou uma ninhada de aves com seus biquinhos abertos em confiante espera recordavam-lhe a glória e a pureza de Deus, a infinita ternura de seu coração.

Acima de todos os dons do Senhor, apreciava o sol e o fogo: "De manhã", dizia, "quando o sol se levanta, os homens deveriam louvar a Deus que o criou para o bem deles". E deveriam louvá-lo também pelo 'irmão fogo', que ilumina as nossas trevas. Nós somos todos como cegos, e Deus dá aos nossos olhos a luz por meio desses dois irmãos".

Uma noite, Francisco não conseguia repousar por causa dos sofrimentos que se haviam tornado intoleráveis: "Senhor", rezou, "vem em meu auxílio, para que eu possa suportar com paciência as minhas enfermidades".

Ouviu a resposta no mais profundo do seu espírito: "Diga, Francisco, não ficaria contente se, para compensar os teus sofrimentos, alguém lhe doasse um tesouro tão grande que toda a terra não seria nada em comparação?".

Francisco respondeu que sim. E a voz continuou: "Alegre-se, então, Francisco, cante enquanto está doente e fraco: o Reino dos Céus será seu". Na manhã seguinte ele disse aos seus frades: "Se o imperador me tivesse doado todo o Império Romano, eu não deveria me alegrar muito? Eis que o Senhor, enquanto ainda estou entre os vivos, prometeu-me o Reino celeste. Eu devo, portanto, alegrar-me de minhas tribulações e agradecer o Senhor!". E nesse estado de ânimo escreveu o Cântico do Sol:

> Altíssimo, onipotente, bom Senhor,
> Teus são o louvor, a glória, a honra e toda a bênção.
> Só a ti, Altíssimo, são devidos;
> E homem algum é digno de te mencionar.
> Louvado sejas, meu Senhor,
> Com todas as tuas criaturas,
> Especialmente o Senhor irmão Sol,

Que clareia o dia
E com sua luz nos alumia.
E ele é belo e radiante
Com grande esplendor:
De ti, Altíssimo, é a imagem.

Louvado sejas, meu Senhor,
Pela irmã Lua e as Estrelas,
Que no céu formaste claras,
Preciosas e belas.

Louvado sejas, meu Senhor,
Pelo irmão Vento,
Pelo ar, ou nublado
Ou sereno, e todo o tempo
Pelo qual às tuas criaturas dás sustento.

Louvado sejas, meu Senhor,
Pela irmã Água,
Que é muito útil e humilde,
Preciosa e casta.

Louvado sejas, meu Senhor,
Pelo irmão Fogo,
Pelo qual iluminas a noite;
Ele é belo e jucundo,
Vigoroso e forte.

Louvado sejas, meu Senhor,
Por nossa irmã, a mãe Terra,
Que nos sustenta e governa,
E produz frutos diversos
E coloridas flores e ervas.

Louvai e bendizei a meu Senhor,
dai-lhe graças
E servi-o com grande humildade.

Terminado o *Cântico*, sentiu o coração cheio de consolação. Quis que frei Pacífico levasse consigo alguns companheiros e juntos fossem pelo mundo entoando-o. "Quando cantarem", disse, "como verdadeiros arautos de Deus, peçam um prêmio aos ouvintes. O prêmio será que se convertam e se tornem bons cristãos".

CAPÍTULO XXXI

UMA MENSAGEM DE PERDÃO E RECONCILIAÇÃO

Ao fim do verão de 1225, Papa Honório III encontrava-se em Rieti. Apoiado pelo cardeal Ugolino, frei Elias voltou a insistir que Francisco fosse à Corte Pontifícia e deixasse que bons médicos tratassem seus olhos. Francisco por fim assentiu e partiu de São Damião. Sentia que nunca mais veria Clara e as suas irmãs, e deixou-lhes a sua última vontade: "Eu, frei Francisco, desejo imitar a vida e a pobreza de Nosso Senhor Jesus Cristo e perseverar até o fim. E rezo por vós, minhas filhas, e vos aconselho permanecerem sempre firmes no vosso santíssimo modo de viver e na pobreza".

Durante a estada em São Damião, irmã Clara lhe confeccionara com as próprias mãos um par de sapatos. Eram feitos de modo que, ao usar, pudesse pousar os pés no chão. Tomou então a antiga estrada, tão conhecida e querida, que conduz ao alto pelos montes.

Ao chegar a Rieti, Francisco aceitou a hospitalidade do bispo. Uma noite chamou frei Pacífico e pediu-lhe que procurasse uma cítara: "Tocará acompanhando o *Cântico do Irmão Sol*", disse. Mas Pacífico hesitou: "Pai, quando eu estava no mundo, era conhecido por ser um famoso músico. Se agora eu for procurar uma cítara, pensarão que eu estou me afastando da vida religiosa".

"Então abandonemos a ideia", logo respondeu Francisco. Naquela mesma noite ele não conseguiu fechar os olhos, tão grandes eram os seus sofrimentos. Na rua, os últimos transeuntes já haviam desaparecido. Apenas chegava, de hora em hora, o som do sino. De repente, sob a sua janela, ele ouviu a harmonia suave das cordas de uma cítara. Quem a fazia vibrar com tanta doçura? A harmonia suave durou bastante: ora mais distinta, ora menos intensa, como se o misterioso músico caminhasse, para cima e para baixo, sob a sua janela. Francisco permanecia deitado, imóvel, escutando.

"O Senhor não se esqueceu de mim nem mesmo desta vez", disse ele na manhã seguinte a frei Pacífico. "Ele me mandou um anjo que tocou a noite toda."

Nesse ínterim, os médicos da Corte Pontifícia haviam tentado em vão todos os remédios. Conseguiram, porém, que abrandasse um pouco o seu rígido modo de vida.

"O seu corpo não o ajudou sempre?", perguntaram-lhe. "Não foi um servo bom e bem-disposto?"

Ele não pôde deixar de responder que "irmão mula" o havia sempre servido fielmente.

"E em troca como o tratou?"

Realmente, o tratamento de Francisco não tinha sido muito bom. "Façam o que quiserem!", disse ele suspirando. E acrescentou sorrindo: "Alegre-se, irmão corpo, agora os seus desejos serão satisfeitos!".

Também os olhos estavam na mesma situação. Os médicos decidiram recorrer a um tratamento em uso naqueles tempos, considerado bastante eficaz: a cauterização das têmporas. Enquanto o ferro aquecia nas brasas, Francisco disse: "Irmão fogo, admirável entre as outras criaturas, eu sempre te amei no Senhor porque tu és belo, útil e cheio de virtudes. Sejas também tu bom comigo neste momento; sejas gentil e queima-me com doçura, para que eu possa suportar a dor". E fez um grande sinal da cruz sobre o fogo.

Assim que o médico pegou o ferro incandescente, os frades, vencidos pela piedade, fugiram. O santo ofereceu-se calmo e sereno à queimadura e deixou que o ferro afundasse crepitando na carne da orelha ao supercílio. E quando tudo terminou, disse apenas: "Se não queimaram o suficiente, recomecem, eu não senti dor alguma".

Alguns dias depois, Francisco desejou convidar o médico para comer. "Pai, não há quase nada em casa, apenas o suficiente para nós", objetaram os frades.

"Não importa, preparem o pouco que temos", disse Francisco.

Estavam sentando-se à mesa quando ouviram bater à porta. Era uma mulher que trazia uma cesta de deliciosos alimentos: pão branco, peixe, doces, mel, uva.

Nesse meio-tempo, o frio havia feito piorar as condições de Francisco. Uma noite, os seus companheiros temeram que morresse de hemorragia. Ajoelharam-se chorando à sua cabeceira e pediram-lhe que os abençoasse pela última vez. Francisco quis então que frei Bento pegasse pergaminho, caneta e tinta. "Escreva", ditou, "que eu abençoo todos os meus irmãos. E como minha recordação, deixo-lhes este testamento: que se amem uns aos outros como eu os amei e os amo; e sempre devem amar e honrar a Senhora Pobreza; mantenham-se fiéis e obedientes aos prelados e sacerdotes de nossa Mãe, a Santa Igreja".

Mas não havia ainda soado para ele a última hora.

Por intervenção de frei Elias, foi levado a Cortona, onde o clima era mais ameno. Francisco, porém, não tinha outro desejo além de rever Assis; frei Elias consentiu de bom grado que o transportassem.

O cortejo chegou a Assis à noitinha e o enfermo foi levado ao palácio do bispo. O bispo e o prefeito concordaram que era importante manter Francisco em segurança, mas ele logo percebeu que em outras questões estavam em plena guerra. Tanto que o bispo havia excomungado o prefeito e o prefeito havia proibido os cidadãos de falar com o bispo.

"É uma grande vergonha para nós, que servimos a Deus", disse Francisco, "que ninguém consiga trazer a paz".

Ele quis fazer ao menos o que estava ao seu alcance e compôs duas novas estrofes ao seu *Cântico das Criaturas*. Depois fez com que o bispo e o prefeito se reunissem no palácio episcopal. Os dois se encontraram na praça do bispado, onde Francisco, quase vinte anos antes, havia restituído ao pai as roupas e todos os seus pertences. Muita gente compareceu. Dois Frades Menores se ergueram e entoaram o *Cântico das Criaturas*. Ao fim cantaram:

> Louvado sejas, meu Senhor,
> Pelos que perdoam por teu amor,
> E suportam enfermidades e tribulações.
> Bem-aventurados os que sustentam a paz,
> Que por ti, Altíssimo, serão coroados.

Todos estavam de pé, calados e de mãos juntas, como se estivessem na igreja.

Os dois frades se calaram. O prefeito deu um passo à frente e ajoelhou-se aos pés do bispo Guido: "Pelo amor de Jesus Cristo e de seu servo Francisco", disse, "estou pronto a satisfazê-lo em qualquer coisa, a fazer o que parecer melhor ao senhor!".

O bispo ajoelhou-se, levantou o adversário, beijando-o e abraçando-o: "O meu ofício me obriga a ser humilde e pacífico", respondeu, "mas infelizmente sou por natureza propenso à raiva. Preciso de toda a sua indulgência".

CAPÍTULO XXXII

TAMBÉM A MORTE É NOSSA IRMÃ

Nesse meio-tempo, Francisco compreendeu que seu fim não podia estar longe. "Diga-me a verdade", disse um dia ao seu médico. "Como estão as coisas?"

"Com a ajuda de Deus poderá melhorar", respondeu ele.

"Não, diga-me a verdade, meu amigo. E u não tenho medo!", insistiu o enfermo.

"Meu pai, poderá viver até o fim de setembro ou começo de outubro."

Francisco calou-se. "Então seja bem-vinda, irmã Morte!", exclamou levantando as mãos ao céu. E do coração brotou-lhe espontânea a última estrofe do seu canto:

> Louvado sejas, meu Senhor,
> Por nossa irmã a Morte corporal,
> Da qual homem algum pode escapar.
> Ai dos que morrerem em pecado mortal!
> Felizes os que ela achar
> Conformes a tua santíssima vontade,
> Porque a morte segunda não lhes fará mal!

A partir daquele momento, frei Ângelo e frei Leão estavam sempre a seu lado para poderem cantar-lhe o louvor da "irmã Morte".

Frei Elias ficou preocupado com aquele contínuo canto. Nem sempre ele compreendia a alma de Francisco: "Aqueles que o ouvem", disse-lhe, "não acreditarão que você seja um santo, se a todo momento o ouvem cantar e tocar na sua cela".

Mas desta vez Francisco não cedeu: "Por graça do Espírito Santo", respondeu, "estou tão unido ao meu Senhor que não posso fazer nada a não ser exultar e alegrar-me nele".

Ele desejava, todavia, retornar à Porciúncula.

Aproveitou-se de um momento em que o bispo Guido havia partido em peregrinação. Os cidadãos de Assis não se opuseram ao seu transporte, mas o fizeram ser escoltado por alguns guardas. Acompanhado por uma longa fila de pessoas, os freis levaram o enfermo para fora da cidade. Junto ao hospital dos leprosos, Francisco pediu que a maca fosse pousada no chão.

"Agora me deixem olhar na direção de Assis", disse.

Com a ajuda dos frades, sentou-se. Todos estavam calados. Ele levantou os olhos quase cegos na direção da cidade. Acima dela, sobressaía a rocha do Sasso Rosso, com as ruínas do castelo; mais além, o monte Subásio, com a ermida dos Cárceres e, escondido nas suas bordas, São Damião. Francisco apenas olhava, mas o coração recordava e revivia o passado. Levantou a mão e fez o sinal da cruz sobre Assis: "Que o Senhor a abençoe!", exclamou. "Ele a elegeu como a pátria daqueles que o reconhecem em verdade e honram o seu nome".

Junto à Porciúncula, quis deixar uma palavra de despedida aos frades. Não se esqueceu de irmã Clara; quando estava em Assis, ela havia pedido que passasse ainda uma vez por São Damião para dar-lhe um último adeus, mas não havia sido possível. Ele, então, enviou sua bênção por escrito: "Irmã Clara, abdique de qualquer tristeza. Se agora não me pode ver, saiba, em verdade, que, antes da sua morte, tanto você como as irmãs me verão e terão grande consolação".

Depois ditou o seu *Testamento*: "O Senhor Deus concedeu a mim, frei Francisco, iniciar a fazer penitência. Estando em pecado, parecia-me algo muito amargo ver os leprosos, mas o Senhor me conduziu a eles e com eles pratiquei a misericórdia, e o que me parecia amargo converteu-se em doçura da alma e do corpo. Pouco depois, deixei o mundo e o Senhor me concedeu tamanha fé na sua Igreja que, com simplicidade, assim eu pregava: 'Nós te adoramos, Jesus, aqui e em todas as igrejas no mundo inteiro, e te bendizemos porque, com a tua Santa Cruz, redimiste o mundo'. O Senhor me concedeu e me dá tanta fé nos sacerdotes cristãos católicos que eu, ainda que me perseguissem, por força do caráter sagrado deles, procuraria refúgio neles, porque neles vejo o Filho de Deus, seu santíssimo Corpo e Sangue que somente eles consagram. E depois que o Senhor me concedeu o cuidado dos frades, ele próprio me revelou que deveria viver segundo a forma do santo Evangelho. Eu a fiz escrever em poucas e simples palavras, e o Senhor Papa a confirmou. E aqueles que vinham abraçar esta vida, distribuíam aos pobres tudo o que tinham e contentavam-se com uma só túnica remendada, uma corda e as sandálias e não queriam ter mais que isso. E de muito bom grado moravam nas igrejas pobres e abandonadas, e eram ignorantes e sujeitavam-se a todos. Eu trabalhava com as minhas mãos e desejo que todos os frades trabalhem em um ofício honesto. Quando não nos é dada compensação pelo esforço, recorremos à mesa do Senhor suplicando por esmola de porta em porta. O Senhor me revelou que usássemos esta saudação: 'A paz do Senhor'. Cuidem os frades de não aceitar habitação, nem igrejas, nem qualquer coisa que não seja conforme a Santa Pobreza que prometemos na *Regra*, e de vestir-se como estrangeiros e peregrinos. Onde não forem recebidos, vão a outro lugar para fazer penitência com a bênção do Senhor. Este é o testamento que eu, frei Francisco, deixo a vós, irmãos meus abençoados, a fim de que observemos melhor a *Regra* que prometemos ao Senhor. Ninguém acrescente nem exclua nada a estas palavras. E em todos os Capítulos, ao lerem a *Regra*, leiam-nas: assim, pura e simplesmente, a devem pretender e cumpri-la com uma santa vida até o fim. E quem observar isso será abençoado pelo Altíssimo, e eu, frei Francisco, vosso pequeno servo no Senhor, naquilo que posso, vos confirmo esta bênção".

CAPÍTULO XXXIII

IRMÃ MORTE

Antes de morrer, Francisco teve a consolação de receber a visita de frei Jacoba. Estava para ditar uma carta em que pedia sua vinda, e ele chegou trazendo consigo uma túnica tecida para Francisco. Em Roma tivera más notícias sobre a sua saúde e foi às pressas ao seu encontro.

Preparou-lhe certo creme de amêndoas, que um tempo atrás lhe fizera bem; Francisco provou e fez chamar frei Bernardo de Quintaval, para que ele também degustasse o prato.

Em primeiro de outubro, que naquele ano (1226) era uma quinta-feira, Francisco reuniu ao seu redor todos os seus frades e os abençoou um a um. Com especial ternura pousou a mão sobre a cabeça de seu primeiro companheiro, Bernardo. "Escreva", disse a frei Leão, "que todos os frades da Ordem honrem Bernardo como se fosse eu mesmo. Ele foi o primeiro que veio a mim e distribuiu aos pobres todos os seus pertences". Ainda uma vez recomendou veementemente aos seus filhos que se mantivessem fiéis à pobreza e, como símbolo dela, à pobre e pequena Porciúncula: "Aqui é a casa de Deus e a entrada do céu", disse. Abençoou, finalmente, com o coração transbordante de afeto, não apenas os frades ausentes, mas também todos os que entrassem na Ordem dali em diante: "Eu os abençoo", disse, "o quanto posso, e mais ainda do que posso!".

Depois, fez com que o despissem completamente e pediu que o colocassem na terra nua, que se devia parecer com o leito da cruz. Deitado no solo, foi vestido com a túnica trazida por frei Jacoba. Ele queria manter até o fim a sua fé na Senhora Pobreza. Na manhã da sexta-feira, acordou com dores fortíssimas. Quis comer uma última vez com seus filhos; fez com que lhe levassem o pão, abençoou-o, partiu-o e o partilhou com eles. Pediu, então, que lessem o Evangelho da Sexta-feira Santa: "Antes da festa da Páscoa, sabendo Jesus que tinha chegado a sua hora, hora de passar deste mundo para o Pai, tendo amado os seus que estavam no mundo, amou-os até o fim" (Jo 13,1).

Nas últimas palavras: "Dei-vos o exemplo, para que façais assim como eu fiz para vós" (Jo 13,15), os frades soluçavam.

Também a vida do pai deles havia sido um exemplo.

Nenhum deles se afastou mais de sua cabeceira. Ângelo e Leão precisaram cantar muitas vezes o *Cântico das Criaturas*; e sempre o moribundo entoava as últimas palavras: "Louvado sejas, meu Senhor, pela nossa irmã Morte".

Veio o sábado. No fim da tarde, Francisco se pôs a cantar com insólito vigor, não mais o *Cântico das Criaturas*, mas um salmo de Davi: "Retira-me da prisão, para que eu celebre teu nome; os justos vão me rodear quando me mostrares tua bondade" (Sl 142,8).

O sol se punha rapidamente e, na pequena cabana escondida na mata, logo escureceu. No silêncio profundo os discípulos escutavam.

A voz de Francisco se calou e se fez um silêncio de morte. Os seus lábios haviam se fechado para sempre; ele passara à eternidade rezando.

De repente se ouviu um chilrear de pássaros: eram as cotovias, boas amigas do santo, que se despediam.

A primeira pessoa admitida junto ao corpo de frei Francisco foi frei Jacoba. Ela beijou, chorando, as suas mãos chagadas e o velou toda a noite, com os frades, ao lado do caixão. Na manhã seguinte, o povo acorreu em massa, vindo de Assis; todos queriam ver os estigmas e render ao santo as primeiras honras. O clero da cidade, em solene procissão, levou o corpo; o cortejo subiu rumo à cidade com ramos de oliveira e velas ardentes, cantando hinos de louvor. E para cumprir a promessa feita por Francisco a irmã Clara, tomou o caminho de São Damião, onde as irmãs, chorando, deram o último adeus a seu pai. Parou depois na igreja de São Jorge e o corpo foi provisoriamente colocado no sepulcro. Dois anos depois, o Papa Gregório IX foi a Assis para a solene canonização do santo. Era o cardeal Ugolino, amigo do "pequeno frade de Assis" e protetor da Ordem, eleito Pontífice seis meses depois da sua morte. Mas outra glorificação esperava Francisco.

"Quando estiver morto", ele havia dito, "enterrarão o meu 'irmão mula' na colina do Inferno". Assim era chamada uma pequena colina no lado oeste da cidade, onde eram sepultados os corpos dos executados. A sua vontade devia ser respeitada; mas nesse local foi concebida uma magnífica basílica de três andares, erguida justamente na colina rochosa e sustentada por uma tríplice colunata. Frei Elias, ajudado pelo Papa e pelo fervor do povo, cuidou da sua construção. Surgiu milagrosamente e ficou pronta em quatro anos. A colina mudou então de nome e passou a ser chamada de "colina do Paraíso".

Francisco se considerava "o último" de Assis e hoje é ele que a domina, incrustado nas lembranças, nos monumentos, no ar, nas pedras, na própria Itália, oficialmente confiada ao seu padroado, e no mundo inteiro!

Acabou se tornando realidade o que Francisco, com ingenuidade juvenil, havia predito de si mesmo: "Serei honrado no mundo todo!".

Terceira parte

Atualidade

A atualidade de São Francisco no mundo hodierno permanece ancorada em três peculiares intuições que interceptam a melhor parte da sensibilidade – e dos desejos – do homem e da mulher contemporâneos: a busca por Deus, a necessidade de um irmão, o cuidado do mundo e da natureza, defìníveis também como respeito à Criação. Vejamos juntos.

CAPÍTULO XXXIV

UMA INÉDITA BUSCA POR DEUS

Francisco se aproxima de Deus partindo, desde o início, de um modo diferente daquele da tradição monástica do "buscar a Deus" (*quaerere Deum*), sem nunca subestimar a importância desta última. Francisco conhece Deus, que é uma pessoa e não uma doutrina, através de um apelo à mudança, uma conversão que o arrasta, de má vontade, rumo ao Alto, rumo às coisas invisíveis. Como aponta o biógrafo Tomás de Celano: "Porque havia tempos toda sua alma tinha ficado completamente surda àquelas vozes [dos companheiros de festa] e cantava em seu coração ao Senhor, destacando-se, pouco a pouco, do corpo. Então, como ele próprio narra, foi inundado de tanta doçura divina que não conseguia absolutamente se mover ou falar. Um sentimento interior o invade de tal forma que arrasta seu espírito às coisas invisíveis, fazendo-o julgar as coisas terrenas como sendo de nenhuma importância, absolutamente frívolas" (2Cel 7, em *Fonti Francescane*, 588).

Francisco, portanto, não busca a Deus, mas se sente atraído por ele a uma mudança da própria personalidade mediante uma dupla modalidade. Antes de tudo, através de uma inversão da sua existência, uma conversão ocorrida pelo fato de ter ouvido alguém chamá-lo pelo nome. Como costuma acontecer a todos. Naquela pessoa, ele entrevê uma possibilidade de verdadeira realização, porque coincidia com o "sumo Bem": o próprio Deus. Em segundo lugar, aquele que faz nascer em Francisco de Assis o apelo e o desejo ainda vagos de uma maior bondade, que toma contornos sempre mais nítidos, conforme esse chamado se concretiza e se define por outras sugestões exteriores. Trata-se, sobretudo, de homens e mulheres que esperam algo de Francisco: um mundo de sofrimento, de miséria, de indigência, de marginalização... personificado dramaticamente pelo leproso que o interpela e o chama. Também por essa segunda modalidade, Francisco, ao perceber-se envolvido por outras pessoas, pela vida delas, ao descobrir-se simples entre as pessoas simples em um relacionamento de reciprocidade, percebe a presença de Deus: daquele que é a eterna e perfeita realização do amor e a quem é convidado a crer quando ouve esses apelos humanos, convencendo-se de ser importante consagrar a própria vida para dar a eles uma resposta. A esse propósito, São Boaventura não tem dúvidas ao afirmar que "Deus, de fato, havia infundido na alma do jovem Francisco um sentimento de generosa compaixão, que, crescendo com ele desde a infância, havia enchido seu coração de bondade; tanto que, já então ouvinte do Evangelho, se propôs a dar esmolas a quem lhe pedisse, sobretudo se pedisse pelo amor de Deus".

Nota-se aqui o primeiro núcleo consistente da imutável atualidade de Francisco de Assis; o homem contemporâneo, de fato, é habitado pela inquietante incerteza solitária e, por isso, se sente ainda mais que no passado chamado pelo nome por Deus. Assim, diante da proposta da Igreja, frequentemente se encerra em um "não a ouço", enquanto Francisco não consegue resistir ao irresistível desejo de mudar a sua existência, sem sentido, colocando-a nas mãos de Deus e inspirando-se na frugalidade e na simplicidade da proposta franciscana. Desse ângulo, o Pobrezinho produz ainda hoje uma simpatia irresistível pelo sobrenatural, a ponto de ninguém, ninguém mesmo, ousar dissociar a figura de Francisco da peculiar autenticidade do seu "único Amor", o sumo Bem; isso vale também para os crentes de outras religiões não declaradamente cristãos. Um fenômeno similar se entrevê também em torno da pessoa do novo Pontífice. Dito de outra forma, todos percebem o *imediatismo* do relacionamento do Santo com Deus, justamente pelo fato de que ele desejava representar em sua pequena e diminuta pessoa a imagem "humana" do Filho de Deus: descalço, com a túnica, pobre; elementos que o distinguem claramente de outros santos.

E daqui surge também o ponto de reversão que ele imprimiu na história da salvação do mundo. Francisco havia compreendido que a humanidade do Filho de Deus é exatamente a mesma de um pobre qualquer. Mas este modo de entrar em contato com o Pai, coincidentemente, está em perfeita equação com a modalidade com a qual os nossos contemporâneos – aqueles que vivem agora no terceiro milênio – se aproximam do sobrenatural, ou seja, diretamente, com pouca essencialidade, sobretudo em busca da divindade na humanidade do "outro" em que Deus sempre deixa suas marcas.

CAPÍTULO XXXV

O DESEJO DE UM IRMÃO NÃO HOSTIL

Ao fim de tais reflexões, aflora o segundo elemento da atualidade de Francisco de Assis, sem dúvida a sua mais original intuição: o testemunho da fraternidade universal do homem, adquirível ao considerar cada um como irmão, o qual depois também é o "outro eu". Este aspecto realmente original, inédito, do Pobrezinho de Assis em seu tempo, recebe a sua carga de atualidade se colocado no contexto do nosso clima cultural. E isso porque nunca como nestas últimas décadas cada um de nós foi catalogado pela esfera onipresente do outro – quem de nós imaginava, por exemplo, a difusão de uma novidade como o Facebook que nos (co)liga a todos? –, mas nunca como nestes anos até mesmo uma simples saudação se tornou obrigatória a ponto de parecer ofender a nossa privacidade. Em uma relação inversamente proporcional, desejamos tanto mergulhar no mundo globalizado que, porém, é apenas virtual, enquanto – é difícil admitir – a visita de um amigo, ou mesmo de um parente, arrisca parecer-nos inoportuna e causadora de aborrecimento, se não for previamente arranjada e, portanto, controlada *na* e *pela* nossa agenda.

Resumindo, se dez anos atrás havíamos perdido o contato com o mundo, hoje em dia perdemos o controle do mundo em si, tudo nele simplesmente se globalizando. O "outro" é, então, apenas aquele a quem me conecto para oferecer uma relação ou ao qual concedo conectar-me a fim de obtê-la. Desse modo, porém, acabamos destruindo as relações em si, criando em nós a necessidade insaciável da gratuidade deles, como – paradoxalmente – se observa entre os jovens que não tiram nem por um instante os olhos do *smartphone* ou do *tablet*.

Sobre essa necessidade, ela envolve, hoje mais do que nunca, a "invenção" de Francisco de Assis: considerar o "outro" como *o* irmão para mim. Convencido de que Deus é o Pai de todos, Francisco deduzia que a humanidade era uma fraternidade universal de pessoas, das quais a dos franciscanos devia ser um esboço preliminar e paradigmático. Francisco, de fato, tinha até medo de interpor-se entre os seus frades e a paternidade de Deus, e por isso quis que os seus primeiros companheiros se chamassem "Frades Menores", ou seja, os menores irmãos da grande família de Deus. Os Frades Menores devem submeter-se a todos e a todas as coisas criadas pelo amor do Pai, a fim de estabelecer os fundamentos da verdadeira humildade na construção da caridade, tornando-se pedras vivas do templo do Espírito Santo. Antes, por amor do Pai, que está no Céu, os frades devem amar até mesmo – e em primeiro lugar – os filhos que estejam no pecado.

São Francisco insistia sempre que os seus frades não julgassem ninguém e não desprezassem nenhuma categoria de pessoas, mas exercitassem a capacidade de ouvir e de responder às expectativas de Deus e, reciprocamente, soubessem imergir na humanidade que simplesmente desejava ser acolhida. Francisco sabia perfeitamente que apenas o contínuo identificar-se dos frades com Deus, que é amor como a um filho, um irmão, um noivo representado por Jesus Cristo, permitir-lhes-ia ouvir *o* irmão – assim considerado –, sem iludi-lo em um filantropismo de fachada, arriscando desiludir aquela pessoa que se aproxima da Igreja.

Um exemplo se observa em ao menos três eventos que ainda resvalam nossa mediocridade e que dificilmente são refutáveis. Antes de tudo, é fácil observar como, pelos nossos caminhos, sobretudo nos meios de transporte público, as pessoas gostam de se entreter conversando com um padre; depois, é raro que, entre aqueles que podem ser rotulados como pessoas "públicas", os franciscanos sejam alvo dos meios de comunicação de massa; antes, ao contrário, frequentemente se tornam o extremo – se não mesmo o último – ponto de referência "exemplar" daquilo que todos deveriam ser ou fazer. Talvez isso não seja devido (apenas) ao fenômeno franciscano enquanto tal, mas muito mais à figura do Pobrezinho de Assis, que pulsa no assim chamado "imaginário coletivo". Em terceiro lugar, os valores veiculados por Francisco de Assis no patrimônio cultural da humanidade resultam autênticos polos magnéticos que atraem a atenção e o consenso de todos, exatamente como acontece quando em um ônibus todos os passageiros sorriem diante de um bebê engraçadinho. Refiro-me aqui ao respeito de todos os franciscanos pela Criação e pela natureza.

CAPÍTULO XXXVI

A CRIAÇÃO: RETORNO À TERRA SEM O MAL

Trata-se da terceira peculiar atenção que torna mais que atual a figura de São Francisco. O homem contemporâneo é consciente de ter abusado da Criação até o limite do consentido. Sabe disso não apenas porque se tornou, contra a sua vontade, ele mesmo vítima das imprevisíveis – e muito temidas – catástrofes ambientais e das insuportáveis mudanças climáticas que enfraquecem sua irrefreável atividade empreendedora; sabe, principalmente, porque agora conhece também o custo econômico que deverá pagar dentro de pouco tempo para não ultrapassar, passando do consentido ao proibido, o abuso perpetrado sobre a natureza. Esta nova consciência – talvez seja banal fazer notar – ratifica a mentalidade técnica à qual o homem passivamente continua a adequar-se; no entanto, também se projeta como uma renovada responsabilidade (dever) de proteger o mundo, a natureza, em uma palavra: a Criação. Observado deste terceiro ângulo, Francisco de Assis volta mais que nunca à ribalta em toda a sua atualidade.

É mais que sabido que o Arauto de Deus instaura um relacionamento novo com a Criação. Ele não busca as criaturas para possuí-las ou, pior ainda, dominá-las, mas as chama pelo nome, convidando-as a render louvor a Deus que as reveste de beleza e bondade. Antes, coloca-se livremente a serviço delas, por amor ao Senhor, que nelas se revela. Na *Regra não bulada* escreve: "Somos [os frades] sujeitos a toda criatura humana por amor a Deus" (Cap. 16, n. 7, em *Fonti Francescane*, 43, pp. 75-76). Não apenas chama as criaturas de "irmãs", mas as trata como seres dotados de razão. Por isso, consegue descobrir nelas a estupenda beleza e dignidade, interpretar nelas a mensagem e elevá-las à perfeição do louvor divino. Mas são justamente as próprias criaturas que exultam em sua presença e se confiam a ele, para que ele as "restitua" a Deus, incorporando-as no louvor de seu *Cântico das Criaturas*. Nesta perspectiva, que não é só religiosa, a natureza se torna transparente ao divino, permitindo ao homem reconciliado que consiga através delas ver o Senhor. A sua realidade não se exaure na dimensão terrena, mas em ser esse sinal, imagem, presença, revelação do Artífice sapientíssimo que, ao criá-la para estar a serviço do homem, lhe ordenou respeitá-lo, que é imagem e semelhança de Deus (cf. Gn 1,26), ao ser criado em Cristo, o qual é a imagem do Deus invisível (cf. Cl 1,15), o primogênito de toda criatura.

Justamente enquanto "imagem de Deus", o homem recebeu o encargo de dar nome às criaturas (cf. Gn 2,20) e de ser seu fiel guardião. Infelizmente, esse relacionamento se desfez com o pecado do homem (cf. Gn 3). A Criação foi encerrada sobremaneira na desordem do seu egoísmo humano e aprisionada na sua solidão. Talvez por isso, mesmo no tempo de São Francisco, alguns movimentos heréticos obstinassem-se em considerar a natureza como contrária ao bem do homem e viam nas criaturas um perigo contínuo para a salvação do cristão. A atitude deles era extravagantemente de fuga e negação. Francisco de Assis, ao contrário, teve o mérito de mudar radicalmente a perspectiva. Ele não priva a Criação do seu amor, e sim liberta o coração da paixão do egoísmo mediante a pobreza voluntária, com a qual se empenha a não ter "nada de seu sob o céu" (*Regra não bulada*, Cap. 16, n. 7, em *Fonti Francescane*, 43, pp. 75-76) e, portanto, a não cobiçar as criaturas como objeto de prazer ou poder, mas admirá-las como obras de Deus e a liberá-las do lamento da prisão (cf. Rm 8,22-23), empossando-as na soberana "liberdade da glória dos filhos de Deus" (Rm 8,21).

CAPÍTULO XXXVII

O CUIDADO DOS SENTIMENTOS HUMANOS

Oito séculos atrás, alguns jovens de Assis, entre os quais Leão, Rufino, Ângelo, Bernardo de Quintaval e Pedro Cattani, atraídos pelo exemplo de Francisco, decidiram unir-se a ele, tornando-se assim os seus primeiros discípulos e dando vida a uma família, o "movimento franciscano", que hoje em dia resulta no grupo eclesial mais difundido e capilar da Igreja Católica. De fato, ele é composto de cerca de 32 mil frades, entre conventuais, menores, capuchinhos e terceiros regulares, 13 mil irmãs clarissas, filhas de Santa Clara, e 400 mil leigos da Ordem Franciscana Secular. A estes se acrescentam numerosas outras congregações religiosas femininas e masculinas de inspiração franciscana, todas confraternizadas no visível "cinto" de três nós: marca daquela corda que Francisco escolhera para si.

Esse "movimento franciscano", em meu modo de ver, hoje tem ao menos duas consistentes responsabilidades. Antes de tudo, a convite da Igreja e do próprio Papa, fixar bem a atenção sobre o fundador Francisco, isto é, naquele que traduziu a beatitude dos pobres de espírito na existência humana. Os franciscanos apostam tudo nesse aspecto. O mundo hoje tem necessidade de pobres de espírito e de espíritos pobres, diametralmente opostos àqueles com ânsia de poder, visto que a pobreza espiritual e a material atuais competem entre si, não apenas no nosso Ocidente. Sem pobreza voluntária (isto é, desejada) não há franciscanismo. A segunda responsabilidade que os franciscanos têm diante do mundo está na efetiva unidade deles. Na Ordem – para quem sabe ler os sinais dos tempos –, esta se tornou uma necessidade não ulteriormente procrastinável diante da eclesiologia de comunhão iniciada com o Concílio Vaticano II. Aquele que era o sonho de Kajetan Esser, de uma única *Ordo Fratrum Minorum*, está hoje mais que nunca próximo da realização.

Quero crer que isso será possível, recuperando o núcleo da ostra da qual Francisco constitui a pérola preciosa: ter assumido como seus os sentimentos humanos e divinos do Senhor Jesus, o Filho de Deus. Este é Francisco de Assis, esta é a essência do franciscanismo, ainda que seja facilmente deduzível que o segundo não atingirá nunca a estatura do primeiro.

Nesta nova biografia – que escrevi contemporaneamente aos meus trinta anos vividos *como* franciscano entre os capuchinhos – desejei mostrar aquilo que Francisco denominava o "segredo do grande Rei": assumir como seus os sentimentos que foram de Jesus Cristo (cf. Fl 2,5). Nenhum de nós pode permitir-se viver sem sentimentos; Gustav Jung (1875-1965) nos recordaria que somente eles ligam a nossa "mente" ao nosso inevitável dever de "entender" que habitamos em um corpo, expressão precípua do desejo de permanecer com os outros e no mundo. O mesmo nos faz compreender Jesus, que veio para curar (cf. Jo 9,1-41), alimentar (cf. Jo 6,1-14) e fazer felizes os homens e as mulheres (cf. Lc 7,36-50), antecipando assim o Paraíso sobre a terra. A mente sã, que elabora este sentir, gera o sentimento. O sentimento, portanto, do ponto de vista da existência, fala da necessidade racional de todo ser humano de estar em relação, a qual, porém, não se satura até que não retorne àquele ponto focal de onde nasceu: Deus Pai.

O Arauto de Deus, em suma, intuiu que os sentimentos humanos tornam-se iridescentes e brilham à medida que se deixam sintonizar – exatamente como dois computadores conectados – com os de Jesus Cristo, verdadeiro Deus e verdadeiro homem. Francisco compreendeu, pouco a pouco, que Jesus está vivo, presente, e que, se nos chama, a "invasão" dos seus sentimentos nos nossos se torna plena e total; não como um mantra, mas de maneira perfeitamente histórica e real. Isso exprime, entre outras coisas, a natureza do cristianismo como verdadeira religião com relação às demais religiões, nas quais os sentimentos não se acalmam em sua origem, mas explodem, fragmentando-se ou transformando-se em práticas meditativas que transformam o homem em mera hipérbole de si mesmo.

Dito em palavras mais simples, Francisco de Assis percebeu-se profundamente enamorado pelo Senhor Jesus, firmemente atraído e chamado por ele a uma vida de dedicação total ao homem humilde, pobre e leproso. Sabia que podia encontrar Deus no próximo. Esta "descoberta", de fato, não foi fácil para o jovem rei das festas de Assis.

Pressentia que algo novo, maravilhosamente inédito, sensibilizava as fibras de seu coração, a ponto de empurrá-lo até mesmo a louvar as criaturas – que não podiam "rezar" a Deus, que as havia criado – no *Cântico do Irmão Sol*: símbolo da literatura italiana e marca da profunda ligação do Pobrezinho de Assis com tudo o que foi criado. De fato, para quem é enamorado como Francisco (e como o Papa Francisco!), o limite exato entre Deus e a Criação é reconhecido nas feições (i)limitadas de uma face: a do Senhor Jesus. Exatamente por isso, creio que a mensagem de Francisco de Assis permanecerá para sempre atual.

Paulinas

Rua Dona Inácia Uchoa, 62
04110-020 – São Paulo – SP (Brasil)
Tel.: (11) 2125-3500
paulinas.com.br – editora@paulinas.com.br
Telemarketing e SAC: 0800-7010081